父母是孩子最好的职业指导师

［美］Barbara Cooke　著
陈光　译

中国劳动社会保障出版社

图书在版编目(CIP)数据

父母是孩子最好的职业指导师/（美）库克（Cooke，B.）著；陈光译. —北京：中国劳动社会保障出版社，2014

ISBN 978-7-5167-0950-4

Ⅰ.①父… Ⅱ.①库…②陈… Ⅲ.①职业选择-家庭教育 Ⅳ.①G78

中国版本图书馆 CIP 数据核字(2014)第 068905 号

Published by arrangement with JIST Publishing，St.Paul，Minnesota U.S.A.

北京市版权局著作权合同登记号　图字 01—2013—8135

中国劳动社会保障出版社出版发行

（北京市惠新东街 1 号　邮政编码：100029）

*

保定市中画美凯印刷有限公司印刷装订　新华书店经销

787 毫米×1092 毫米　16 开本　7.75 印张　111 千字

2014 年 4 月第 1 版　2014 年 4 月第 1 次印刷

定价：22.00 元

读者服务部电话：（010）64929211/64921644/84643933

发行部电话：（010）64961894

出版社网址：http://www.class.com.cn

谨以此献给马特和克里斯

他们始终如一地阻挠我成为一名“直升机母亲”

致　　谢

感谢我的丈夫锡德·库克（Sid Cooke）和我的朋友戴布拉·巴克斯（Debra Box）对我创作期间一直以来的支持和鼓励。

感谢 MMC—Maple Woods 公司建议与咨询中心一直给予我帮助的无与伦比的团队成员们。身为高校人事工作人员和家长的他们无私地分享了数年来累积的经验，充实了本书的内容。

感谢其他所有的朋友和同事，特别是安·施瓦兹（Ann Schwartz）、罗宾·思迪马克（Robin Stimac）、潼恩·哈特曼（Dawn Hatterman）、莎莉·爱伦（Shelli Allen）、科琳·布朗（Colleen Brown）和凯特·杜菲（Kate Duffy），感谢他们的建议、热情和支持。我还要感谢几年来和我一起工作的教育及职业规划专家。他们是：卡里尔·内纳斯（Caryl Neinas）、珍妮斯·本杰明（Janice Benjamin）、基蒂·威尔逊（Kitty Wilson）、洛丽·伊格尔斯（Lorrie Eigles）和玛莎·杜夫纳（Marsha Dufner）。感谢他们在我的职业咨询师职业之路上所给予的无私帮助。

最后我要谢谢我的儿子马特（Matt）和克里斯·普莱尔（Chris Pryor），以及我的儿媳克里斯汀（Christine），感谢他们对本书观点的构建给予的中肯、深刻和诙谐的见解。

致　谢

本书导读

本书将向您娓娓道来：

• 如何指导孩子开展职业调查，进行职业规划

• 如何了解孩子要面临的就业市场的真实情况

• 如何在合适的时机引导孩子进行大学及职业选择

• 如何克服在干涉孩子大学及职业选择时的矛盾心理

• 如何帮助孩子明确个人兴趣和优势并探寻相关职业

• 如何利用您的业务人脉、朋友、家人来扩大孩子的职业选择

• 如何利用信息化访谈开阔孩子的职业视野

• 如何选择大学专业

• 如何为孩子制定一个除四年本科外的其他的高等教育规划

• 如何辨别能引导孩子获得优质工作，成就满意事业的职业评估和大学资源

• 如何帮助已经大学毕业而职业定位仍不明确的孩子

• 如何帮助孩子在四年大学期间培养职业成熟度

目　录

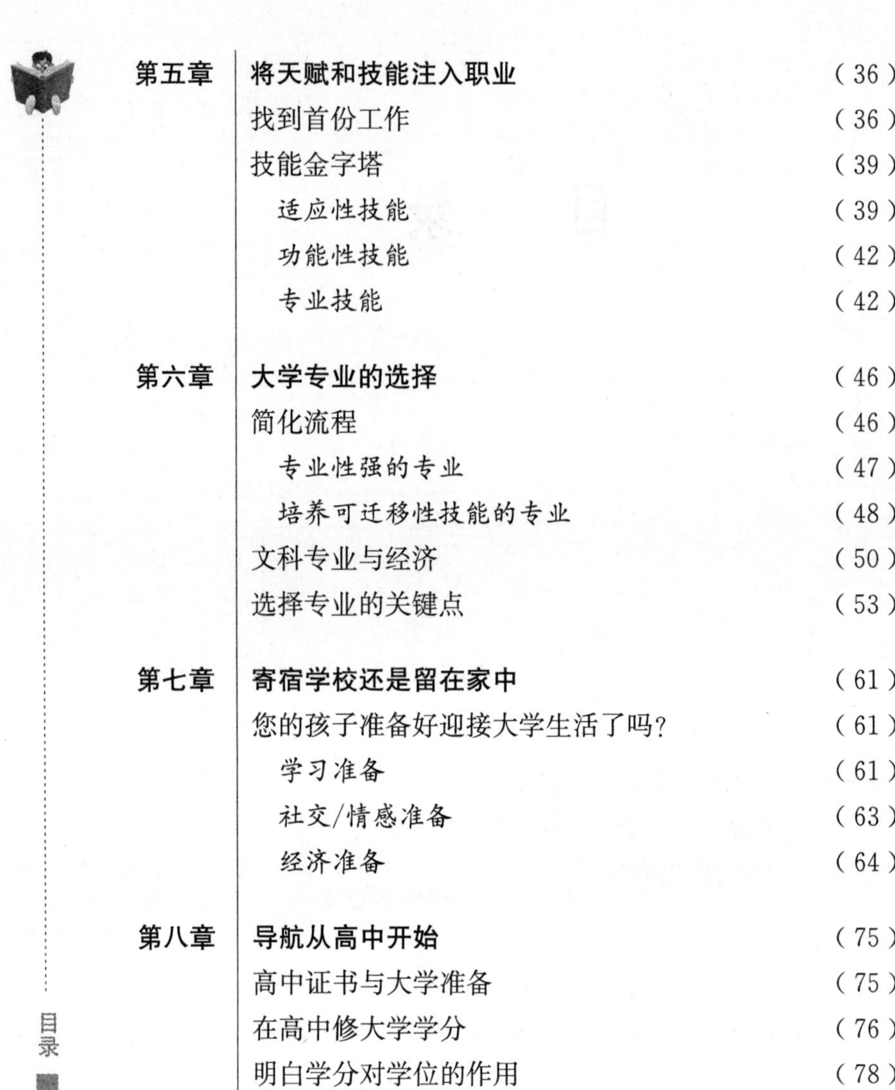

简　介

如果您是一位家长，孩子又是大学生，您可不会有什么好名声。只要您穿过大学的校门，就很有可能被别人贴上“直升机家长”的标签。

“直升机家长”是现在十分流行的一个词语，指那些紧盯着孩子不放的家长，他们对孩子的学校生活尤为关注。您一定听说过这些匪夷所思的事情：有位母亲用拉夫劳伦床单给儿子宿舍的床位铺床；有位父亲因为女儿的成绩少了一分而发邮件给她的教授为此大发牢骚；还有位家长溜进就业市场，在初级面试的等候室里抓住人事经理，和其讨价还价，为孩子争取更好的就业条件。

“直升机家长”的出现有许多原因。教育家们倾向于社会原因：日益减小的家庭规模，科伦拜恩高中枪击事件、“9·11”事件后家长对孩子越发强烈的保护，方便家长监控孩子的手机、电子邮件等先进设备和媒介的问世。

家长们则更倾向于经济原因。他们认为高昂的大学费用，令孩子和自己都备感压力的学生贷款，还有孩子将要面临的充满不确定因素的当代就业市场共同造就了“直升机家长”。

您不想成为“直升机家长”？一切都来得及！从孩子的青年到成年的过渡期，只要您稍加留意，就不难发现他将面临的各种长期问题。同时，您知道自己要为孩子支付大学费用，自己的孩子要面临多变的就业市场，因此，您一定想介入孩子的大学及职业规划。那么怎样才能为孩子提供建设性的帮助呢？

事实上直升机不仅能盘旋、俯冲和着陆，还具备很多其他的功能。它们独特的设计使其能纵观大局，识别潜在危机，避免地面人群遭受重大事故。它们的灵活性使其在飞行过程中能即刻停止、调转并换向飞行。孩子们需要的正是这种“高度灵敏的直升机家长”。

作为一名家长，我深知维持“插手与罢手”的平衡十分重要。面对公立和私立学校的官僚制度，我有过手足无措的困扰；看不到孩子的成绩，我有过对其学习情况一无所知的挫败；我精打细算过，也评估过助学金；我了解说服孩子攻读大学却被反驳“有什么用”

是何种滋味。

作为一名教育家，我也深知航线的一点弯曲和着陆地的一点偏离都足以摧毁整个大学行径。我总是看到这样的学生：他们有人贷款了 2 万美元却仅仅学习 40 个学时；有人借钱上补习班，学习高中阶段就该掌握的知识；有人经济匮乏，利用助学贷款支付住宿费、幼儿看护费和交通费，然而为了马上肩负起接踵而至的责任，最终选择辍学；有的学生经济条件很不错，却使用学生贷款来支撑自己奢侈的生活开销，最后负债累累，与大学生活渐行渐远。孩子们在大学时代犯下的错误将使其付出巨大的代价。

由此可见，作为一名家长，您有必要介入孩子的职业规划。您可以选择建设性和破坏性的方法来介入。本书中，我将介绍一些简单易懂、实用性强的建设性方法。

无论如何，您都要明白这样一点：不管孩子具备怎样的教育水平，他们终将进入就业市场。他们必须具备雇主所需要的岗位技能，通过一系列合同成就理想事业。身为家长，您是孩子最好的职业教练和导师。本书将向您介绍各种职业规划工具，帮助您成为一名高度灵敏的“直升机家长”。

第一章

为大学准备，为未来准备

假设您最好的朋友想跟您借 8 万美元做生意。

您做了个深呼吸，开始仔细考虑他的请求。

8 万美元可不是个小数目。您有一些积蓄，但是凑齐 8 万美元，还需要借点钱。由于近期公司的裁员和合并，您的工作状况并不稳定，而且自己还没有攒够退休金。由于以上种种原因，您开始犹豫，不想把钱借出去。

可是您很爱您的朋友，很想帮助他。于是，在借给他 8 万美元之前，您决定向他询问更多的细节。

您的朋友满腔热情地解释道，他想搬到 500 英里外的另一个城市。这个城市到山区只有一个小时的车程，在周末滑雪和徒步十分方便。他有几个朋友已经住在那儿了，他们都夸那里的生活很舒适。他说自己从事的生意要么是和人或动物打交道的，要么是跟剧院相关的，但是具体是什么他还没定下来。而且他现在并不担心这个，因为搬到那里后他有充足的时间去考虑。他保证会与您联系并告知自己生意的进展，但同时提醒您这是他的私生活、他的决定。如果您对这笔经费的使用进行限制的话，他会认为您是在过分干涉他的生活。

您还会借给他钱吗?

事实上在借给他钱之前，您想听到的是一个更全面的创业计划。您想了解他的创业目标，他对于自己提议的事业所具备的优势，并希望他承诺自己将合理使用这笔经费。您还希望他已经对即将开展的事业做足了功课，并用一些证据向您表明他已整装待发，成功指日可待。如果双方没有共同明确这笔钱将何去何从，您也没有得到对方承诺的预期成功，您不可能将 8 万美元交给任何人。这是常识。

对于大多数美国家庭而言，孩子的大学教育投资是家庭最大的投资之一。然而，他们对于大学教育投资的常识却早已灰飞烟灭。如今的美国大学招生充斥着复杂的营销策略和感情旋涡，孩子们需

要在家长的帮助下规划大学，制定职业决策。但是，许多家长忽略了这一点。

您是一位“直升机家长”吗？

看看下面这个实例吧。

艾希莉（Ashely）在州立U大学度过了她第一年的大学生活。最近她打电话告诉母亲，自己正打算把自己的政治学专业换成体育训练专业。她解释说自己在派对上认识了一个人，那个人在州立U大学附近的棒球农场俱乐部获得了一份很棒的工作。

艾希莉在高中时就开始参加各种活动，是一名很优秀的学生。她总是备受同龄人喜爱，在商场服装店里兼职做销售员时也格外出色。她曾经在郊区的一所高中就读。那所高中对学生的学习要求很严格，至少对像艾希莉这样成绩优异的学生。

艾希莉之所以选择政治学作为大学专业，是因为她听说这个专业最容易进入法学院。她从初中起就立志成为一名律师。

艾希莉在高中已经取得了15个学时的大学学分，这相当于一个学期的大学成绩。她受到许多大学的热情邀请。在高中指导老师的建议下，她申请了能提供最高助学金额的六所学校。艾希莉进入了州立U大学后，申请了包括奖学金、补助金、学生贷款在内的各种援助金。她的父母凯西（Kathy）和鲍勃（Bob）打算共同偿还这笔援助金，他们不希望女儿在步入工作岗位后独自承担偿还学生贷款的压力。

艾希莉的妈妈凯西只上了两年的大学就辍学了，并直接开始工作。现在她是一名非常成功的保险专家。在过去的15年里，她曾三次因为公司的重组和裁员而失业，但是她总能找到一份新的工作。她对自己目前的工作感到很满意。

艾希莉的爸爸鲍勃取得过学士学位，目前是一名有着20年工作经验的IT专家。“9・11”事件后公司把他的工作外包到印度，于是他被解雇了。他用了一年半的时间才找到了另外一份收入可观的工作。鲍勃失业期间，整个家庭经济十分拮据。

当艾希莉告诉母亲自己打算换专业的决定时，凯西立刻大发雷霆，她冲女儿嚷道：“靠体育训练学位，你怎么养活自己？”但她很快压制住怒火，耐着性子跟女儿说，不论她选择从事什么职业，自

己都会支持她，但是希望她能做一下调查，做完调查后能告诉自己这个专业的就业前景到底如何。

一周后，艾希莉向母亲告知自己了解到的情况。她说自己向新生顾问和体育训练学院的顾问都咨询过了，也和一些体育训练专业的朋友进行了沟通。她说自己可以当一名体育教练，轻松赚取50 000美元的年薪，但前提是她还得取得一个硕士学位。

凯西将女儿的这番话告诉丈夫。鲍勃听后同样火冒三丈，恨不得立刻给女儿打电话，联系她的大学顾问。妻子提醒他联邦隐私法禁止他这样做，他没有权利向高校工作人员询问学生的任何信息，即使是他的女儿。

于是鲍勃发邮件给艾希莉，说自己希望和她还有她的学术顾问谈谈。女儿却表示不希望父亲和自己的顾问见面。她还说，在大学里换专业再正常不过了，大多数学生在大学期间至少会换三次专业。艾希莉告诉鲍勃这是她的人生，她知道自己在做什么，她希望他和母亲不要插手这件事，让她自己做决定。

鲍勃和凯西是“直升机家长”吗？他们是在用世界上最长的脐带——手机——过度控制女儿吗？他们是在干涉女儿的职业选择吗？或者作为家长的他们只是在合理地担心自己在女儿身上投入的时间和金钱会换来竹篮打水一场空？

症结在于艾希莉生命中所有用心良苦的大人们——父母、高中老师及顾问都没有引导过艾希莉，提升她的职业成熟度，而仅仅关注于如何促进她学业上的进步。在艾希莉接受了义务教育后，这些大人们只是希望她能进入大学，提前打好学习基础并顺利取得大学学位，这成为他们一致的目标。所以当艾希莉高中毕业时，他们都暗自庆贺，觉得目标已经实现了。职业成熟度没什么大不了！只要艾希莉进入一所“不错”的大学，她会“自己明白”未来的一切都将一帆风顺。

然而一切并没有那么顺利。现实摆在眼前。鲍勃和凯西向女儿解释道他们并没有瞧不起体育训练这个行业，只是为她担心，怕她没有深思熟虑。他们觉得女儿还没有真正了解就业市场的严峻形势。当然，还有教育成本的问题。鲍勃和凯西每年要为她支付15 000美元的学费。这笔支出已经大大超出了艾希莉能申请到的奖学金的数目。艾希莉每多花一个学期来确定她的专业，他们就得多支出7 500美元的学费。所有的原因都让他们十分迫切地想帮助女儿快点从A

点抵达 B 点，从“进入大学”到“离开大学，找到一份不错的工作”。

30 年前，鲍勃和凯西上大学的时候，换专业根本不值一提。艾希莉在大学攻读任何一门专业，毕业后都能轻松地找到一份工作。20 世纪 70 年代，没有明确的目标，也不了解就业市场就攻读大学也算是个合格的职业规划。因为不论你的学位或专业是什么，只要你能从大学顺利毕业，你都能找到一份大学水平的工作。你主要担心的是自己可能会一辈子从事一份自己并不热爱的职业直到 65 岁退休。

现在，一切都变了。艾希莉这一代的年轻人和 30 年前的您所面临的就业市场截然不同。吸纳文科毕业生的管理岗位开始大裁员。为婴儿潮时期的人们提供过优越工作岗位的大多数政府社会服务机构在缩减经费。许多日常性文书工作已逐步计算机化或被外包到海外。很多要求更高教育水平的复杂工作也被转移到其他国家。

对孩子们来说，要想在当前经济形势下获得职业成功，仅有一张大学文聘是远远不够的。他们将面对一个不论国内格局还是全球格局都有着巨大变化的工作环境；而这种不断的改变将伴其一生。因此，在“新经济”的时代背景下，就业竞争十分残酷。

什么是“新经济”

自 20 世纪 80 年代初起，“新经济”就被用来描述美国崭新的经济形势。其特点包括技术的革新、政府方针的改变、全球竞争的加剧。它和 20 世纪 70 年代——和鲍勃、凯西一代的大学生热情相拥的“旧经济”时代——迥然不同。

新经济背景下，政府对各行各业放松了管制，比如货运和航运行业。因此，幸存下来的公司产生了尤为激烈的竞争。被技术替代的重复性的日常工作逐渐消失，可数字化、可由计算机进行网络传送的工作也被转移到海外。成本削减、招聘冻结以及能力管理策略把美国的生产力推到新的高点。由于高昂的医疗福利费用，企业不再雇用多余的在编员工，而是根据需要，雇用一些临时的合同工或应急工来完成相关项目。税收的缩减已造成教育、社会服务、政府机构相关岗位的锐减。所有的一切，都在影响着孩子们未来将面临的就业市场。

表 1—1 列出了新、旧经济的区别。

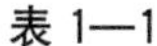

表 1—1　　　　新旧经济对应一览表

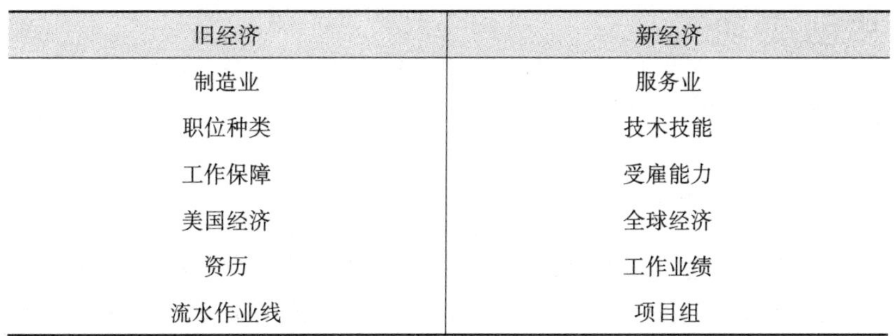

旧经济	新经济
制造业	服务业
职位种类	技术技能
工作保障	受雇能力
美国经济	全球经济
资历	工作业绩
流水作业线	项目组

以下是一些您要关注的重点：

• 美国的经济格局已从制造钢铁、纺织品和洗衣机之类的有形商品转向提供金融、医疗和软件之类的服务产品，岗位也随之改变。

• 职位种类不再一成不变。新的技术技能不断加入旧的工作，产生新的岗位，如“核医疗技师”和“网络安全管理员”。几乎各行各业所有的职位都因技术而产生改变。

• 工作保障减少或消失。“找到一份稳定的工作，一直干到 65 岁退休”这种在旧经济背景下可行的期望，在新经济背景下简直是幻想。现今，人们期望的是具备受雇能力，也就是具备符合市场需求、雇主需要的技能；随着市场需求的变化、岗位频繁的更换，你要能自如地运用这些技能。这也表示你要能不断地在新的求职面试和个人简历中展现你的技能。

• 全球竞争导致许多工作被转移到海外，包括蓝领生产行业和白领服务行业。

• 那些根据资历来提拔员工的旧经济模式下的企业寥寥无几。现今，大部分企业都是依据个人工作业绩来提拔员工的。

• 为了节约劳动力成本，流水作业线的工作已全部自动化或被外包到海外。现今，许多工作都是由一个灵活的团队来完成的，团队成员必须具备一系列技术技能，能高效地沟通，共同完成任务。

鉴于以上种种变化，您能提供哪些“常识性”的帮助，让孩子立足于这样的就业市场呢？为了确保您对孩子的大学投资能得到您所期望的回报，您又该采取哪些措施呢？

第二章

共创成功

帮助孩子进行职业规划，您可以采取很多建设性的、适应孩子发展的措施。但是首先您要克服自己在干涉孩子大学和职业选择时的矛盾心理。

参与孩子的职业发展规划

如果您是一名在婴儿潮或后婴儿潮时期出生的家长，您可能不赞成“家长应该参与孩子职业决策的制定”这一观点，因为您认为职业选择是个人的自由。欧洲的年轻人在16岁时，必须参加一个测试来决定自己是继续攻读大学，还是参加岗位培训，准备就业。您并不支持这种欧洲式的教育体制。

所以孩子在上高中时，您没有让他进行职业规划，您觉得那是他上大学以后的事。您不希望任何人，包括自己和别人，逼迫学业突出的孩子过早地制定职业决策；也不赞成别人提出的学习成绩差的孩子应该申请攻读不到四年的专科学位的建议。而且，您觉得一个18岁的孩子难以把握充足的信息，做出明智的职业选择，因为他未来要从事的职业可能还没出现。所有年轻人都应该拥有接受高等教育的机会。他们，特别是您的孩子应该拥有第二次选择的权利。您愿意纳税，也愿意拿出自己的积蓄支持孩子进行一切尝试。

但同时，您的确在担心钱的问题。

四年制的私立大学，一年的费用就差不多40 000美元，包括学费、杂费、食宿费和书费。州公立大学系统中的一所旗舰大学，一年的费用在20 000美元左右。

这意味着，为了让孩子取得一个本科学位，作为家长的您得支付160 000美元的私立大学费用或者80 000美元的公立大学费用。如果您的孩子不能在四年后拿到学位，您的支出远不止这么多。您

知道过去 20 年来，大学费用的增长率超出了通货膨胀率，以后的大学费用还会持续增长。您也知道为了减轻大学费用的压力，许多学生努力申请各种助学金；尽管贷款的利率日益攀升，不少学生和家长仍向银行贷款以支付大学费用。

面对所有的这些情况，您感到两难。您想让孩子进行自由的选择，但您明白他错误的决定会让您付出昂贵的代价。您不仅希望他能进入大学，也希望他能及时毕业。从长远的角度看，您的经济目标是将孩子培养成一个独立的成人，能找到一份不错的工作来养活自己。但是怎样才能实现这个目标呢？作为家长的您在应该引导孩子进行职业规划的时候却放任自流，孩子怎么能做出明智的规划呢？

如果您和大多数婴儿潮时期出生的家长一样，您一定会选择“上大学”这个规划方案。因为您觉得大学是个能让孩子发现自我的地方。只要他进入一所不错的大学，以后的一切包括职业生涯都会一帆风顺。

如果现在的经济形势和您当年在学校时的一样，这种想法并不为过。因为三四十年前，不管什么人，读的什么专业，离开大学后都能找到一份待遇不错的工作。那个年代，国家在吸纳各个专业的大学毕业生。管理层在不断扩招人才；企业乐于将年轻人并入组织阶层，通过培训促其实现组织目标，鼓励他们竞聘公司高层职位。所有企业都为大学生们提供有着优厚福利待遇的稳定工作。

来看看杰夫（Jeff）的经历吧。

1975 年，杰夫以优异的成绩毕业于州立 U 大学并取得历史专业的学士学位。在大学期间，他担任过校报体育板块的编辑、公共泳池的管理员和医院的护理员。大四时，杰夫到学校的就业辅导中心寻求帮助。许多大四的学生都去那里获取求职信息。他参加了八次校园面试，其中有五次是当地的公司或国企招聘“见习经理”；还有两次是大型的政府代理机构为其正在扩建的地区办公部招聘行政人员。所有的职位都拥有很高的起薪工资和优厚的福利待遇。

最后，杰夫选择在一家地区电话公司担任会计室主管。这是一个一线管理岗位。在此之前，他从未接受过正规的业务培训。和他一起参加工作的新员工还有五名女性和一名男性，大家都是大学毕业生。后来他了解到那家公司当时正处于女性管理培训生的招聘压力之中。20 世纪 60 年代，该公司的男、女见习经理工作量相同，但前者的薪酬多于后者，因此该公司受到了均等就业机会委员会的处

罚。杰夫被分配到数据加工处理部，接受相关培训后，直接管理 12 名员工，处理公司的日常服务订单。在那里，他获得了自己的第一台计算机——IBM360/60，和现在的行政办公套件差不多大小。

杰夫明白，如果他现在从大学毕业肯定找不到这么好的工作。逐渐深入的市场化、技术的改革以及电信行业的激烈竞争已经完全改变了杰夫所在公司的聘用体系。

他的公司不再招聘文科大学毕业生，不为他们提供培训，也不允许他们随心所欲地工作。而是经过层层选拔，挑选出那些雷厉风行、能很快为公司创造效益的人才。这些人必须是商业、金融或计算机信息系统专业成绩优异的学生，还得有相关工作经验，才能得到和杰夫 35 年前差不多的工作。

您该如何帮助孩子立足于不稳定的当代就业市场呢？如果您认为一张大学文聘，甚至任何文凭都不能保障孩子在当代经济形势下站稳脚跟，您又能做些什么帮他明确职业方向呢？

明确大学目标

请您先想一想您对孩子的具体期望。为什么您那么想让孩子去上大学？在大学里“发现自我”是什么意思？它和找到第一份工作有什么相同和不同之处？

如果您上过大学，您可能会觉得“发现自我”指的是知识的拓展。您还记得自己曾被激情澎湃的教授所鼓舞，也被各种新颖的观念所激励。许多大学教授和人事工作人员都深爱着大学，认为大学是一个“发现自我”的地方。

如果您没有上过大学，或者中途辍学了，您可能觉得是低学历阻碍了自己的职业晋升。因为少了“一纸文凭”，在公司多次的提拔竞争中您都未被纳入考虑范围。为了不让孩子重蹈覆辙，您一定要让他上大学。

您可能觉得“发现自我”意味着积累社交阅历。大学是建立一生诚挚友谊的开端。您渴望孩子在大学交到挚友，为未来的社交圈和业务人脉奠定基础。

您也许觉得“发现自我”意味着寻找存在的原因、生命的意义，大学时代，每个人都充满理想，斗志昂扬。对您而言，大学应当充斥着活跃的政治辩论和丰富的社会集体活动。

您或许还觉得“发现自我”意味着获得独立生活的技能。离开家上大学，和室友共处一个屋檐下，平衡工作和学习以及学会理财，所有这些在大学培养的技能都曾给您带来巨大的成就感。

上述种种都是年轻人可以并的确能在大学“发现自我”的方式。最理想的大学经历包含所有这些自我探索的方式，让学生得以全面地发展。

但是，在这些发现自我的经历中，没有一个能确保孩子可以找到一份好工作，或者说让孩子在获得符合市场需求的教育背景和工作经验后离开大学并找到理想的首份工作。

事实上很少有人能在大学期间明确职业方向。随便问问您身边的朋友吧：“现在你从事的工作和大学专业相关吗?”多数情况下，他们会一笑而过。因为除了一些像会计、教育、护理、医科这样的专业性强的专业外，大多数人无法通过大学专业的学习来明确自己要从事的职业。直到他们突兀地进入社会，开始职业生涯，一路跌跌撞撞后才渐渐明确了自己的职业方向。

您需要及时推进这个过程，帮助孩子尽快做好未来职业的准备。若是等到大学毕业后，一切都来不及了。孩子所面临的经济形势和您所面临的有很大的差别。仅靠一张大学文凭，他们是很难立足于就业市场的。没有教育和相关工作经历，离开大学后，他们不仅缺乏符合市场需求的技能，还将承受偿还学生贷款的压力。

如果您的孩子实力很强，通过阅读本书，您能很好地促进他的学业和职业发展。您不仅能对孩子中小学取得的优异成绩感到骄傲，还将知道如何帮助孩子报名参加荣誉课程、做好SAT[①]考试的准备。

如果您的孩子实力一般或较弱，您很担心孩子高中毕业后的发展，本书将向您介绍一系列建设性措施，帮助您引导孩子更好地发展。

不管孩子在高中或大学是哪类学生，现在您都该退一步，像考虑他的升学准备一样认真考虑一下他的入职准备。如果您希望孩子在毕业后能找到一份让自己独立并满意的工作，您需要教会孩子怎样从“犹豫”“茫然”转变为“准备充分”和“蓄势待发”。不论您的孩子是一名荣誉学生还是一个对高中学习十分厌烦的学生，您都

① SAT，全称 Scholastic Assessment Test，中文名称为学术能力评估测试。由美国大学委员会（College Board）主办，SAT成绩是世界各国高中生申请美国名校学习及奖学金的重要参考，相当于美国高考。

要这么做。

职业成功不会说来就来。没有规划，谈何成功？下面是从A点抵达B点的步骤。作为家长，您就是孩子的资源。您要做的是帮助孩子搜寻其他可用资源，推动他向理想的成人生活迈进。

如果您能克服自己对于参与孩子职业规划的矛盾心理，那么，您该从哪里出发呢？用什么样的建设性方式帮助孩子进行职业规划呢？

家长贴士1

为了让自己对孩子的帮助产生效果，自始至终您都要提醒自己注意指导和控制的不同。指导是帮助孩子认清自身的长处，并将长处和现实职业相联系；控制则是命令孩子选择一种职业。指导是帮助孩子获得相关职业的第一手信息；控制则是自己亲自做调查。指导是对孩子说："在你否决工程学专业前，我希望你能和两个工程师聊聊。"而控制则是对他说："你如果不选工程学专业，我是不会给你付大学学费的。"

家长贴士2

像大部分善意的家长一样，或许您曾这样问过孩子："长大后你想做什么？"这个问题让很多孩子都抵触父母提议的任何职业规划活动。因为他们不愿被迫做出一个将影响自己一生的决定。他们认为这个决定是永久性的，这让他们感到害怕。

作为父母，您需要减轻职业规划过程带给孩子的压力。帮助他明了职业决策制定和职业信息搜集的不同。让他自己去收集信息，不要强迫他根据所收集到的信息做出决定。让他把自己看成一名客观公正的记者去做调查，采访他人，了解工作环境。以后，孩子将利用这些信息来决定自己想从事的职业。

家长贴士3

大学规划不是职业规划。"我去哪所学校""我怎么支付大学费用"和"大学毕业后我怎么维持生计"是完全不同的问题。

过去，大学规划就是职业规划。青少年从大学毕业后便渴望获得一份大学水平的工作，具备大学水平的薪酬，因为自己拥有大学学位。

时过境迁，经济形势变化了，您要帮助孩子制定一个毕业后能获得入门职位的规划。这个规划不一定要在大学伊始就制定好。但是如果您希望孩子偿还得起学生贷款的话，千万不要等到他大学毕业后再制定这个规划。

一个学士学位，无法确保孩子能得到一份薪酬优厚的理想工作，但却是通往理想工作的重要前提。帮助孩子建立一个切实的职业规划，让孩子在毕业后能立足于就业市场，赢得职业成功。

第三章

明了21世纪就业市场

让孩子进行职业探索的最简单有效的方法就是鼓励他进行信息化访谈。

以下为信息化访谈的步骤：

1. 使用“人脉网络联系表”（见表3—1），在“信息”一栏写下孩子感兴趣的职业名称或职业领域。

2. 从自己的家庭成员、朋友或同事中，搜寻从事着相同或相近于孩子感兴趣的工作的人员。

3. 在“人脉网络联系表”的“姓名”一栏处写下这些人的姓名，以及他们的电话或电子邮箱等联系方式。

4. 安排孩子与这些人见面。

5. 让孩子用《信息化访谈学生指南》中的问题作为访谈的基础。

6. 在信息化访谈结束后，让孩子更新“人脉网络联系表”。

表3—1　　人脉网络联系表

姓名	电话/邮箱	信息	√
1.			
2.			
3.			
4.			
5.			

《信息化访谈学生指南》

信息化访谈是与你感兴趣的职业从业者进行谈话。目的在于搜集该职业领域的成功人士的日常工作和个人背景的第一手信息。在你进行专业选择并开始入职准备之前，你应该做信息化访谈。

为了搜集到信息化访谈的对象，请先把你知道的所有人列在一

张纸上，包括父母、朋友、亲属、同事、老师等。向他们每个人都询问一下你感兴趣的职业的从业者的姓名。然后使用以下信息作为你开展信息化访谈的基础：

• 您从事的工作叫什么？

• 具体做些什么？平时您是如何度过工作日的？

• 在您的职业领域，有哪些重要的技能？

• 在您的职业领域，有哪些重要的个人品质？

• 关于您的工作，您喜欢什么地方？

• 关于您的工作，您不喜欢什么地方？

• 我需要具备什么样的教育背景，才能进入这个职业领域？我需要什么样的学位、大学专业、培训课程或者特定的课程，为入职做准备？

• 该领域的入门岗位是什么？

• 什么样的工作经历或志愿服务经历对我进入该领域能有一定帮助？

• 该工作的起薪和薪酬范围分别是多少？

• 未来的五年到十年，该领域的发展前景怎么样？

• 和您一起工作的同事从事的工作是什么？

• 还有哪些工作要求的技能和您的工作要求的相似？

• 我可以向谁咨询该相似职业领域？

利用信息化访谈，定位职业目标

不要担心孩子最初的职业目标不现实。年轻人对很多工作并不是很了解。研究发现大多数青少年认为自己将从事以下 12 种职业之一，这 12 种职业大都为专业领域的职业，包括医生、律师、企业主管、教师、运动员、工程师、护士、会计师、心理学家、建筑师、音乐家以及演员或导演。由于这些职业的岗位数占美国全部职业的岗位数不到 20%的比例，像医生和律师这两个职业所占的比例还不到全部岗位的 1.3%，所以很多年轻人都无法实现他们最初的目标。

实现不了最初的目标，并不意味着要做一辈子的苦差。这只是说明孩子们需要了解更多的职业，需要制订计划 B。

信息化访谈可以拓宽孩子的职业视野。它们不仅能帮助孩子确

定或放弃最初的职业选择，引导其为职业探索建立个人观点，为其提供十分重要的信息和趣味活动，还可以通过成年从业者这面镜子，来促使其更好地了解自我。而且，它们还能引导孩子寻找新一批访谈对象。

下面是信息化访谈对梅根（Megan）的积极作用：

“当我刚进入大学时，我不知道自己到底想做什么。我对很多东西都感兴趣，很难从中抉择。我想成为一名医生或老师，我还想成为一名商人。

“我开始和各种人交谈，询问他们从事的工作。我记得最初是爸爸帮我安排了几个访谈，接下来的访谈就全靠我自己了。通过一系列的信息化访谈，我首先排除了医生这个职业，因为我觉得医生的职业性质很难照顾孩子。然后我想到了教书，但是向多位教师咨询后，我发现教师也不能汲取足够多的新知识。除了一些细微的变化，教师每年讲授的内容都差不多。

“我很想成为一名助理医生，但我就读的大学并没有相关领域的课程。尽管如此，我一直保持着信息化访谈的习惯，经常在网上做职业测试，总是关注那些预测未来十年哪些职业最热门的网站。

“在课程方面，大学第一年我只学了最基本的课程，同时，我努力搞清自己到底想从事什么职业。到了大二开学，我还没有拿定主意。于是我坐下来，开始反思：‘到目前为止，做了这么多的信息化访谈，你对自己有怎样的了解？有什么职业可以满足你所有的兴趣？’

“我想到了之前考虑过的领域——言语治疗。我曾经和几个言语治疗师沟通过。我知道言语治疗师可以接触各种人，小到儿童大到老人。我还能不断学习新东西。我既可以就职于一家诊所；如果我乐意的话，也可以去教书；或者以言语治疗师的身份创办一家公司。这个领域不乏各种工作机会。虽然收入在以后能达到稳定的水平，但不会很高。如此看来在这个行业内，我不愁找不到工作，而且等我有了孩子，还能兼职。于是，我决定从事这个职业。我顺利取得了沟通障碍学的学士学位并继续攻读硕士学位。

“我觉得定位职业目标关键在于要和尽可能多的人交流。总之，信息化访谈对我很有效。”

信息化访谈并不是复杂的航天科学。你要做的只是走出去和尽可能多的人就不同职业进行交流，同时发掘新的访谈对象。每一次信息化访谈都能给你带来新点子。就像从公共图书馆一摞摞的书中寻找自己想要的书一样，在你搜寻的时候，两侧书架上的任何一本书都比你最初的选择更吸引人。

除了激发孩子拥有新的职业观点外，信息化访谈还能让他更准确地了解就业市场，做出更明智的职业决定，同时也为您省下了一笔不小的大学开支。

探寻就业市场

大部分年轻人对就业市场的了解很片面，他们对就业市场的认知仅限于图 3—1 所示的教育回报。

年轻人并不清楚不同教育和培训背景对应的空缺岗位的实际分

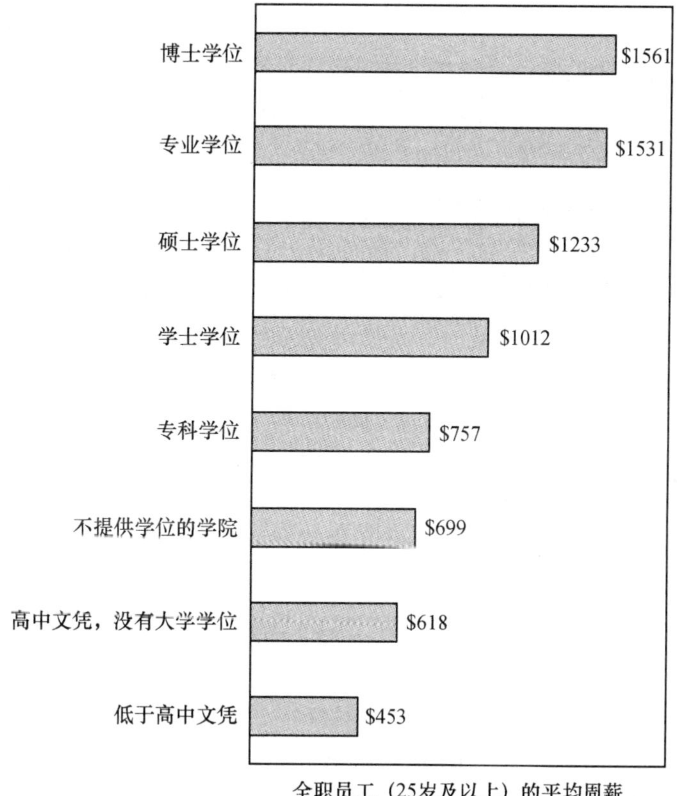

图 3—1　2008 年全职员工的平均周薪

布情况。图 3—2 和图 3—3 反映了美国 2008 年岗位空缺数的实际分布情况。

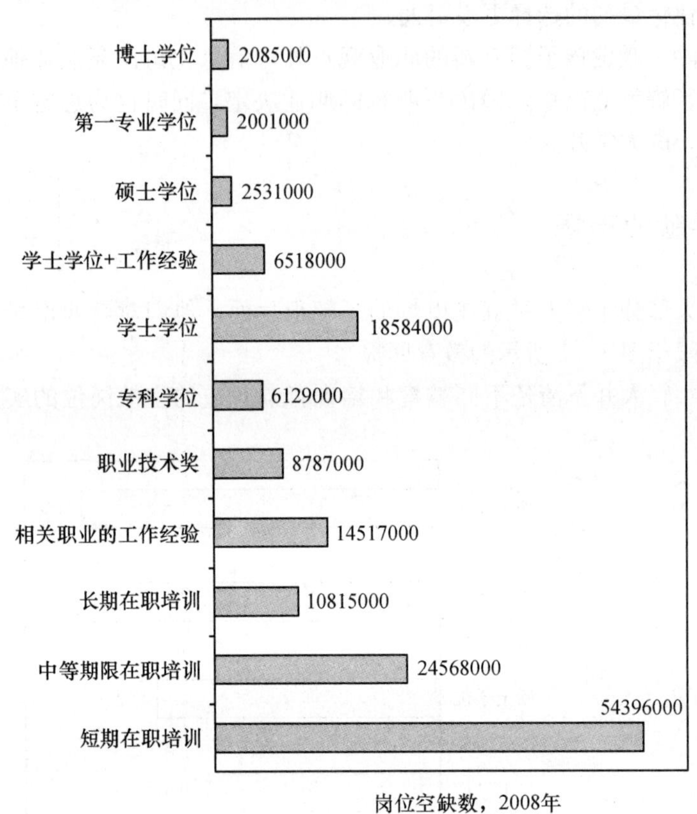

图 3—2　2008 年美国不同教育水平对应的岗位空缺数

事实上在 2008 年，52%的岗位只要求入职员工有中（1～2 个月）、短（短于 1 个月）期的非正式或在职培训（OJT）经历。

从要求“长期在职培训”（1～5 年的长期在职培训、公司内部培训、学徒培训）到“专科学位”有 26%的岗位，这些岗位都要求入职人员具有技术培训经历。

要求学士及以上学历的岗位只有 21%，而要求硕士及以上学历的岗位还不到 4.5%。在编员工平均年薪为 32 390 美元、平均时薪为 15.57 美元。半数人的薪酬较平均数高一些，另外半数人的薪酬较之低一些。

这就是孩子未来要面临的就业市场，您和孩子都要清楚这种状

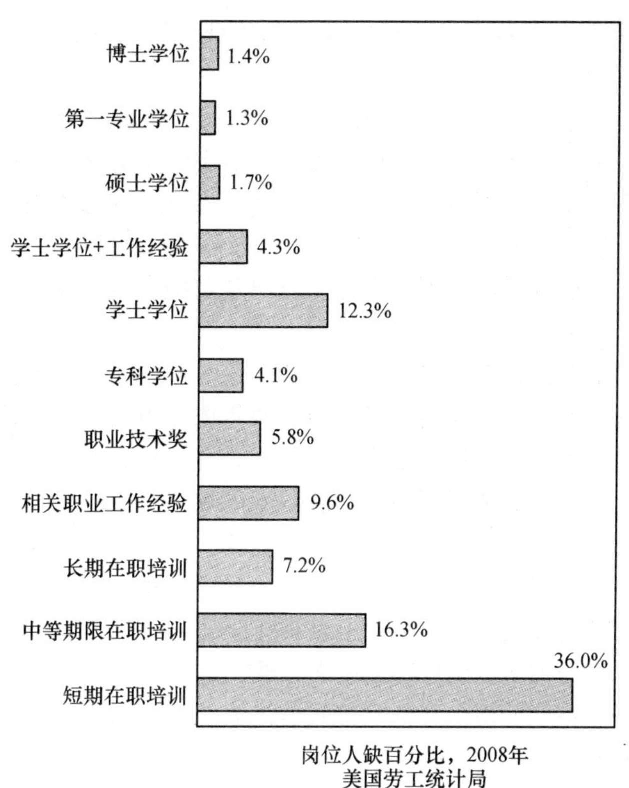

图 3—3　2008 年美国不同教育水平对应的岗位空缺百分比

况。只有清楚了就业市场，您才能帮助孩子制定切实有效的职业规划。虽然当今社会不乏各种充满吸引力的就业机会，但是只有那些同时具备良好的教育水平、工作经验和交际能力的年轻人才能胜任雇主安排的工作。

理解劳工统计局公布的不同教育水平对应的岗位空缺数一图十分重要。它反映的是胜任相关岗位所必需的教育背景和培训经历，而非真实情况下从业者的教育水平。

个体员工的教育水平有时会比岗位要求的高一些，有时也会低一些。比如 25 年前，一名没取得学位的计算机程序员（岗位要求：具有学士学位培训经历）在参加计算机相关工作后，不断晋升。而同时，另一名取得了学士学位的计算机程序员，由于他所负责的工作在 2001 年被公司外包到印度，他现在可能在某个家居装饰店担任售货员。而售货员这一岗位仅仅要求短期的在职培训经历。据 2008 年劳工统计局统计的数据显示，美国有超出 630 万的具备学士及以

上学位的成人任职于仅要求短期在职培训经历的岗位，这被称为“不充分就业”。

图 3—2 所示的岗位分布情况很可能出乎了您的预料。孩子们肩负着如此沉重的学业负担，您觉得要求学士学位的岗位应该比图上显示的多得多。高薪制造岗位在过去的 25 年里已被移至海外或被技术替代。您目睹了这一切的发生。因此您希望孩子能取得学士学位，过上中产阶级水平的生活；您也十分愿意负担高额外债，帮助孩子达成这个目标。

事实上攻读大学的很多年轻人在毕业时都没能实现他们最初的目标。70%的高中生在高中毕业后的两年内才申请大学。他们大都渴望取得一个学士及以上的学位。然而，一半多的学生并不能如愿以偿。社区学院的情况则更为糟糕，不能取得学位或文凭的学生人数高达 75%。许多年轻人，尤其是那些没有职业规划或重心的学生抱着尝试的态度攻读大学，随后辍学，最后只得进入起伏不定的就业市场，随波逐流。他们最终会就职于只需要中短期在职培训经历的岗位，因为大多数岗位都是这样的要求。

为了让孩子在高中毕业后能更好地发展，作为父母的您该怎么帮助他呢?

您可以鼓励他像调查、了解各高校信息一样，花时间去调查、了解各种行业和职业。帮他收集准确真实的信息来充实他的职业观点，帮他和各行各业的从业者建立联系，让他通过各种人脉来了解各种职业的基本情况。当然，最简单的方法就是让他进行信息化访谈。

明确访谈人脉

怎样帮助孩子找到信息化访谈对象呢?

您可以挖掘自己的人脉网络。也就是确定您现有的人脉，帮助孩子和这些人建立联系。

作为一种求职策略，人脉网络强调了这样一个事实：在任何时期，70%的招聘信息都不会以报纸招聘广告、求职网站这样传统的方式广而告之，而大都通过口碑或人脉网络来传播。在求职过程中积累人脉，意味着让尽可能多的人记住你的名字和素质，这样，当有潜在的工作机会时，他们就会想到你。

这和年轻人在职业规划中积累人脉一样。正如成人求职者无法获得许多很棒的“隐形”岗位信息一样，年轻人同样面临这个问题。“选一个专业，抱最大希望”这种传统的想法早已过时，不能帮助孩子明确未来职业。这时，孩子们可以利用人脉网络，丰富自己的职业观点。

或许刚开始您会觉得“建立人脉网络”听起来很吓人。如果您不需要马上找到一份工作，您会觉得建立人脉网络超出了您的能力范围。然而建立人脉网络只是一种交换职业信息的结构化方法。

每个人都有人脉。了解自己的人脉，找出八个您认识的在职者。这些人可以是您的家庭成员、朋友、同事、邻居或任何能和您谈得来的人。把这些人的姓名写在“我的人脉表”（见表3—2）中，完善每个人的信息。

表3—2　我的人脉表

姓名	电话/邮箱	职位名称	公司/机构	行业/部门

表3—3展示了杰夫的人脉。

表3—3　杰夫的人脉表

姓名	电话/邮箱	职位名称	公司/机构	行业/部门
基思·黑斯廷斯	816-316-1977 hastingsk@mwlease. com	所有人/经理	中西部设备租赁公司	金融服务
简·埃利奥特	816-731-2004 elliottj@swrmc. org	人力资源经理	西南部医疗中心	医疗保健
克莱顿·帕克	816-616-1931 cparker@reachout. org	执行董事	Reach Out 公司	非营利机构
伊丽莎白·塞耶斯	816-195-1707 esayers@marple. com	平面设计师	马普尔机构	广告

续表

姓名	电话/邮箱	职位名称	公司/机构	行业/部门
阿尔伯特·罗宾逊	816-304-1987 robinsona@rad. com	公司律师	私人公司	法律服务
莉莉·麦奎尔	417-404-4200 lilianm@sps. K12. edu	小学教师	公立学校	中小学教育
格雷格·布兰登	660-308-1951 gbredon@bunter. com	机械工程师	工程公司	工程咨询
戴夫·班特里	913-822-1979 dbantry@ecc. com	项目经理	机电供应公司	建造

基思（Keith）是中西部设备租赁公司的老板和销售经理。基思可以给杰夫提供以下信息：

- 销售经理的工作职责。
- 如何成功经营一家小型企业。
- 设备租赁行业的整体情况。
- 销售的专业知识。
- 金融服务行业的情况。
- 设备租赁行业在未来的发展趋势。
- 进入租赁行业所必备的教育背景和工作经历。
- 公司其他员工的职业名称和职责。
- 如何得到公司的聘用。

简（Jane）是一家地区大型医疗中心的人力资源经理。简可以给杰夫提供以下信息：

- 作为人力资源经理，她的工作职责。
- 从事其他医疗保健职业的工作者的姓名，包括护理、呼吸治疗、医院管理、物理治疗等职业。
- 人力资源领域的整体情况。
- 医院管理职业的发展趋势。
- 西南部医疗中心是否正在招聘人才。
- 如何在该医疗中心获得工作或实习机会。
- 她所在的专业机构中其他人力资源经理的姓名。

克莱顿（Clayton）是 Reach Out 公司的一名执行董事。Reach Out 是一家向老年人提供免费服务的非营利机构。克莱顿可以提供以下信息：

- 非营利机构中执行董事扮演的角色。
- 社会服务行业的整体情况。
- 非营利行业的情况。
- 和 Reach Out 类似的机构中其他类型的工作。
- 其他社会服务行业从业者的联系方式。
- 如何修改简历，让其更吸引人。

基思、简、克莱顿都是杰夫的人脉。

每个人都有人脉。如果您能从您的人脉中挖掘尽可能多的成员，这些人将成为孩子访谈的对象。他们能帮助您的孩子建立充实的职业观点，促使其探寻、调查其他种类的职业。

您的人脉能为孩子提供求职过程中会遇到的三种类型的访谈：非正式访谈、信息化访谈和求职面试。

非正式访谈是指通过和家人、朋友的沟通，来思考可选的职业，挖掘潜在的就业信息，旨在积累一些职业观点和访谈对象。这些新的访谈对象将帮助孩子深入探索某一职业，确定职业目标，了解得到聘用的方法。

和非正式访谈相比，信息化访谈的沟通内容更具结构化。它们专门用来帮助孩子获得某个岗位或公司具体的、第一手的信息。信息化访谈的目的是获取信息而非得到工作。除了给予孩子准确、详尽的岗位信息外，信息化访谈还能向他们指明接下来的潜在访谈对象。

求职面试是指孩子为了得到某份工作而推销自己，介绍个人技能和素质的一种正式访谈。成功的求职面试要求孩子既能明确个人技能，也懂得如何同时运用书面和口头语言良好地表达自己，进行沟通。他要十分清楚自己的技能能为雇主带来怎样的效益。而在求职面试前，非正式访谈和信息化访谈的铺垫至关重要，它们能帮助孩子增强自我推销的能力，在求职面试中赢得渴望的工作。

孩子想追求什么样的经济地位，最终的决定权在于他。不管他有怎样的职业目标，信息化访谈都能让他清晰地了解实现目标所需要的教育背景和工作经历。

但是如果您想让孩子获得更多的可探索的职业观点，而不局限于最初的信息化访谈，您又该怎么做？有什么测试能为孩子指明职业探索方向？

家长贴士 4

您要做的不是去判定孩子职业观点的好与坏，而是帮他更好地

收集信息。为了让您的帮助起到积极的作用，千万别和孩子对各种职业观点的好坏进行喋喋不休的争论。信息化访谈能很好地帮助您，它将生活当作导师。通过和他人进行信息化访谈，孩子可以用实际来检验自己的职业观点。您要做的是促进这个“教学”过程。

家长贴士 5

为了让孩子有效地开展信息化访谈，最好的方法是让他先把您作为访谈对象。很多年轻人并不了解自己的父母用以谋生的职业。和孩子一起坐下来，让他使用本章开头部分列出的访谈问题向您提问。这可以消除他对信息化访谈的陌生感。总之，让孩子在访谈其他人之前，提前彩排一下。

家长贴士 6

有的时候，家长不鼓励孩子进行职业探索，原因之一是他们担心孩子最初的职业目标会不切实际。一些家长甚至暗自认为，不切实际的目标比没有目标好不到哪儿去。

如果您知道孩子不愿意成为一名药剂师或工程师，也没有成为药剂师或工程师应具备的良好的数学技能和毅力，您明知他不可能顺利毕业，却仍把他送进大学。除了这样做，您还能做哪些更具建设性的事情呢？

鼓励孩子尽早开展职业调查。高中时期就可以并应该开展职业调查。它能帮助孩子评估自己最初的职业目标。必要情况下，它还能引导孩子改变并选择更切实际的职业目标。

每个学生都需要制定计划 B，即使是最具天资和潜质的学生。通过尽早开展职业调查，他们能获得其他的可选职业，如果计划 A 失败，还可以实施计划 B。

家长贴士 7

了解到图 3—2 所示的不同教育和培训背景对应的空缺岗位的实际分布情况后，您或许会陷入迷茫：“为什么教师、咨询师、家长、政治家和媒体，所有的人都对高中生说只有取得大学学位，才能获得成功？”

即使所有的高中毕业生都能取得一个四年制的大学学位，需要学士学位的岗位也不过 12.3%。如果这些大学毕业生还继续攻读硕士学位的话，也只有 1.7%需要硕士学位的岗位。这是无法改变的事实。

这个问题出现的原因之一是许多人根本不了解劳动力市场中岗

位的实际分布情况。当他们得知有超出52%的岗位只需要少于一年的在职培训经验时，十分震惊。

另外一个原因是许多人分不清公司发展产生的岗位空缺和员工替换产生的岗位空缺之间的差别。前者反映了之前没有的现在新产生的岗位，后者则反映了由于员工离开现有岗位而产生的岗位。据预测，2008—2018年，员工替换产生的岗位数将超出公司发展产生的岗位数的两倍。

过去25年里高薪制造岗位的消失，最终让人们开始坚信大学学位是确保获得一个舒适、高薪的中产阶级生活的唯一方式。然而，近几年的经济萧条让数不清的具备大学学历的白领们都失去了高薪工作。尽管目睹了这一事实，人们还是对大学学位抱有很大的期望。

这引发了一系列重要的疑问。比如：大学学位是什么？中产阶级又是什么？

如今的高等教育各式各样：传统大学、综合性大学、社区学院、私立学校、职业/技术中心以及各类网校。不论孩子接受哪种教育方式，都会给您的经济支出带来不小的影响。因此，投入大量的时间和精力，来考虑您期望孩子拥有的教育和生活方式是必需的。不管他们拥有风能发电的技术资格证书还是社会工作专业的硕士学位，您要告诉他们的不是“大学学位是中产阶级的敲门砖”，而是“要想获得富足的生活，发展符合市场需要的个人技能才是硬道理”。

家长贴士8

人们很容易忽略这样一点：即使在经济低迷的时期仍然有人被聘用。对于那些在经济萧条期渴望找到一份入门岗位的人来说，这些人是宝贵的职业信息资源。

您认识的那些在职者就是您的人脉。您能给孩子提供的最大帮助就是鼓励他和您的人脉进行信息化访谈，让他了解不同行业的入门岗位所需要的技能、教育和工作经验。

找到一位您认识的在职者，他便是孩子的一种潜在资源。孩子可以向他咨询职业的相关信息，比如：受雇于入门岗位所必需的日常工作职责、教育背景和工作经验，获得其职业领域内薪酬更高的岗位的途径，以及未来其职业与行业在全球经济下的“发展蓝图”。

即使在经济不景气的时期，也不要忘记您拥有人脉。充分利用您的人脉来帮助孩子获取就业信息和机遇。

第四章

评估自我优势，通过调查和访谈获取信息

没有什么测试可以明确地告诉孩子应该从事何种职业。但是印制的或电子的职业兴趣量表的确有很多，您可以利用它们来引导孩子制定职业规划。

职业兴趣量表

职业兴趣量表是根据相关准则来测试孩子兴趣所在的一种问卷。问卷中包含关于学校科目、活动、感兴趣的职业及其他爱好的一系列问题。根据回答评完分后，孩子可以得到一份解析报告，报告中还包括一系列职业名称。他们可以从这些职业名称开始，展开职业调查。

职业兴趣量表是通过“物以类聚、人以群分”的方法来帮助孩子进行职业定位的。如果孩子和某个行业的从业者兴趣相似的话，比如会计行业，说明他可能喜欢从事会计之类的职业。那么他可以在“人脉网络联系表”（见表3—1）上写下“会计师”一职，然后对其展开调查：在网上查阅职业信息，和会计师进行信息化访谈。

鼓励孩子完成职业兴趣量表的目的是帮助他确定初步调查的职业，而非说服他选择您想让他从事的职业，更不是强迫他选择您后悔自己25年前没有选的职业。

职业兴趣量表引导孩子依据个人兴趣和爱好展开调查。针对量表上列出的职业名称，与该领域的在职者进行交流，孩子的视角将延伸到量表以外的职业，并探索可能适合自己的其他相关职业。

怎样让孩子完成职业量表呢？

如果他正在上大学，让他到学校咨询或职业中心寻求帮助。大多数高校都能提供各种职业资源，学生们却经常忽略这一点。大一下半学期是孩子们查询职业资源的黄金时期。此时，孩子们离开家门，进入校园最初的兴奋劲儿已经淡去；他们开始调整状态，追求

更宏伟的学术目标；也开始担心职业与专业的选择。不管怎样，过去 18 年来他们的目标就是进入大学。那么进入大学以后呢？

职业中心能向孩子们提供时下备受欢迎的各种职业量表，这些量表包括“斯特朗兴趣量表（SII）”“自我职业选择量表（SDS）”“职业信息系统（CIS）”“兴趣选择分析（CHOICES Internet Profiler）”“兴趣发现量表（DISSOVER Internet Inventory）”以及许多其他的优秀测评。学校还会鼓励他们完成测评性格、技能或价值观的其他职业量表。

孩子完成什么样的兴趣量表并不重要，市面上和网络上都不乏优质的测评，帮助孩子理解评估结果才是最重要的。鼓励他继续深入职业探索——在网络上查找相关职业信息，向该职业的从业者进行咨询。

性格类型和理想职业

在高中生和大学生中最受欢迎的职业兴趣量表的理论是心理学家约翰·霍兰德（John Holland）的性格理论。许多职业量表都以霍兰德理论为依据进行设计，包括“斯特朗兴趣量表（Strong Interest Inventory）”“自我职业选择量表（Self-Directed Search）”“ACT（UNAICT）兴趣量表［ACT（UNAICT）Interest Inventory］”“库德个人职业匹配搜索（KUDER Career Search with Pearson Match）”以及美国政府的“O* NET 兴趣分析（O* NET Interest Profiler）”。正因为霍兰德理论在职业规划领域的应用十分广泛，所以了解它对您和孩子都有很大的帮助。

霍兰德理论认为职业的选择是性格的表达，“性格”是个体的价值观、兴趣、技能、态度和行为的整体表现。据霍兰德理论，性格偏好由环境因素、基因组成以及早期生活经历所决定。个体的性格偏好在 21 岁时就基本定型了。也就是说，一个人 21 岁时的兴趣和他 60 岁时的兴趣不会有太大的差别。

霍兰德理论认为基本的性格类型和相应的工作环境有六种。图 4—1 所示为霍兰德提出的职业兴趣六角形模型。

现实型：有运动或机械操作能力，喜欢和物体、机械、工具、植物、动物打交道，偏好户外活动。喜欢与事物而非概念或者人打交道，喜欢具体问题而非抽象问题。

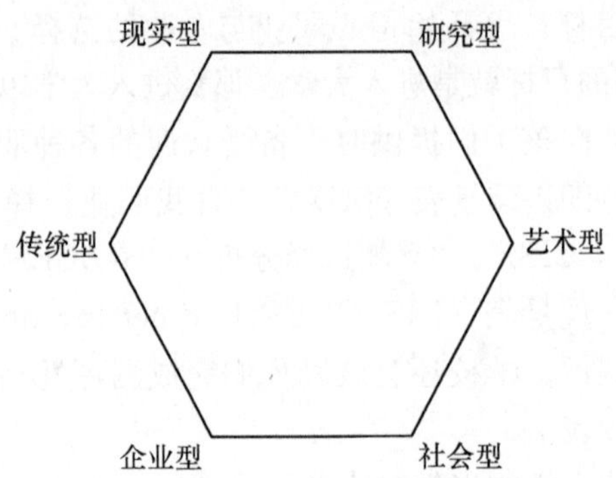

图 4—1　霍兰德性格类型与工作环境六角形模型

研究型：喜欢观察、学习、研究、分析、评估和解决科学或数学问题。更喜欢与概念而非人打交道，不喜欢高度结构化的条条框框。

艺术型：有艺术、直觉、创造的能力，喜欢在自由的环境中工作，应用想象力和创造力，更喜欢在工作中融入自我创意。

社会型：喜欢与人相处，喜欢告知、启迪、帮助、训练、治疗、帮助他人或激发他人的潜能。喜欢通过讨论来解决问题，不喜欢和事物打交道。

企业型：喜欢和人相处，喜欢影响、说服、领导、管理他人，以取得经济增长或实现组织目标。喜欢身居领导者的职位且不拘小节。

传统型：喜欢从事资料工作，有写作或数理分析的能力，喜欢完成琐细的工作，或者听从他人的指示。喜欢清晰而有条理的任务。

根据霍兰德理论，每个人的性格都是这些性格类型的独特组合。但在这六种类型中通常有两种或三种类型最为突出。霍兰德理论认为，如果能清晰地认识自己的性格类型，就可以找到与之匹配的工作环境。这意味着在一个符合你性格类型的，可以与和你有着相似兴趣的人共事的工作环境下，你的幸福感、工作效率和成功率都将提高。

迄今为止，霍兰德的六角形模型一直十分有效，也易于理解。专家们已经对六个角之间的关系进行了深入的研究。人们很容易从这六种类型中找到符合自身性格的两种或三种性格类型。以霍兰德理论为框架的职业量表能根据孩子的测试结果，提供与其性格相符的职业名称，引导您和孩子有针对性地探索相关行业和机构。它们

还可以帮您指明进行调查的经济板块。总之，以霍兰德理论为框架的兴趣量表是良好地开展职业调查的第一步。

但是，不容忽视的一点是这些职业量表得出的测试结果是依据霍兰德理论，而非劳动力市场真实的就业情况。霍兰德理论是性格理论，并非美国就业市场的模型。现实情况下，各种职业的岗位数不会按照性格类型进行均等的分配。直观上，霍兰德六角形模型向学生们暗示了这样一点：六个角对应的职业岗位数是相同的（见图 4—2）。所以“只要你明确了自己的性格类型，就不愁找不到工作”。

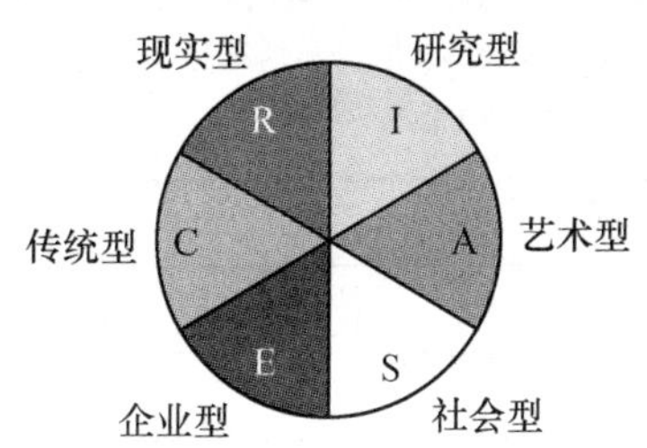

图 4—2　霍兰德理论

注：学生们直观地认为霍兰德类型是等分的

作为一名在职的成年人，您当然知道这是不对的。各种职业的岗位数并不是根据霍兰德的性格类型来分布的。

那么，劳动力市场的岗位分布到底是怎样的呢？

佛罗里达州立大学的职业咨询师对美国 1960—2000 年 40 年来的普查数据进行研究，发现 2000 年的职业分布情况如下（见图 4—3、图 4—4）。

- 现实型职业占 30％
- 研究型职业占 8％
- 艺术型职业占 1％
- 社会型职业占 16％
- 企业型职业占 30％
- 传统型职业占 15％

该研究表明，美国 75％的职业都分布在三种霍兰德性格类型上。它们分别是企业型、现实型和传统型。只有 1％的职业为艺术型，8％为研究型，还有 16％为社会型。

您的孩子有必要了解劳动力市场的职业分布情况，因为未来他必须在这种市场结构中找到一份自己感兴趣的职业。任何时期的职业岗位数和职业种类是由人们对商品和服务的需求所决定的，并非

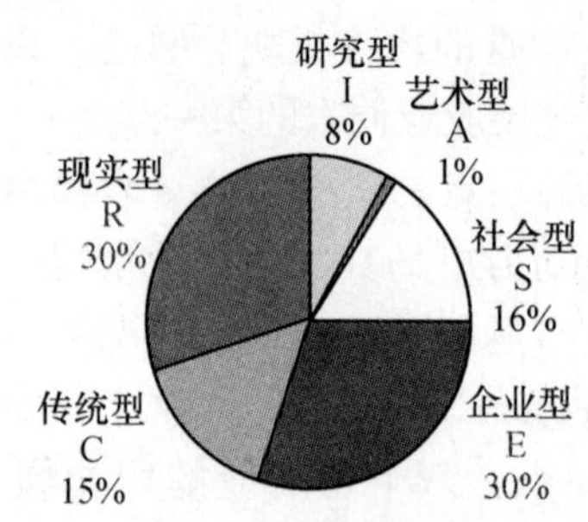

图 4—3　霍兰德类型的职业分布情况

注：职业的实际分布情况是不均等的

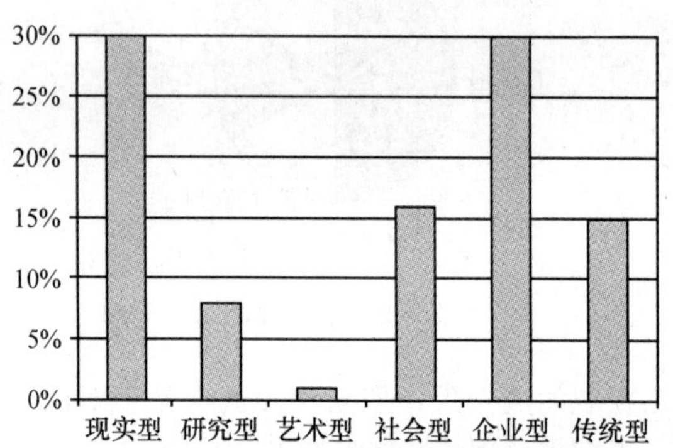

图 4—4　霍兰德类型的职业分布情况

注：以另一种视角看霍兰德类型的职业分布情况

求职者的性格类型。

除此之外，佛罗里达州立大学的研究者们还发现了过去 40 年里霍兰德类型的职业的一些就业变革：

• 1960—2000 年，现实型职业的就业率下降了 25%，但它仍是最大的就业领域。事实上，在这 40 年中，现实型职业的实际岗位数在增加。

• 研究型职业的就业率上升了 5%，社会型上升了 7%，企业型上升了 13%。

• 艺术型及传统型职业的就业率保持稳定。

• 2000 年，岗位数最多的职业依次为现实型、企业型、社会型、传统型、研究型和艺术型。

• 年收入最高的职业依次为研究型、企业型、社会型、艺术型、现实型和传统型。

这些数据说明了什么？为了让孩子更好地评估相关信息，他需要外界的帮助来解读职业量表。在大学阶段，学校的职业或咨询中心一般会提供这样的帮助。当然，您也可以帮助孩子，指导他搜索网络资源，并利用您的人脉为他引荐信息化访谈对象。

寻找网络资源，力促职业规划

帮助孩子开展网络调查应该从哪里开始？

不要想得太复杂。最简单的方法是利用《职业前景手册》（*Occupational Ontlook Handbook*）①。它是美国政府的就业信息数据库。在网上搜索“Occupational Outlook Handbook Online”，或登录www.bls.gov/oco。各个公共图书馆也都可以找到《职业前景手册》。

《职业前景手册》提供各种职业的详尽信息。它不仅提供包括管理、专业化行业、服务、销售、行政、农业、建筑、安装、生产、交通和军队等各主要行业的链接，还提供各行业下具体职业的相关信息。

该手册涵盖大量各种职业的文章。每篇文章对每个职业的工作职责、教育背景、薪酬待遇和发展前景都有详尽的概述。大部分文章的末尾处都有一个叫作“相关职业”的板块。该板块包含其他相关职业的链接。

在网上调查职业很简单：

1. 让孩子在“人脉网络联系表”（见表3—1）的信息一栏列出由兴趣量表得出的自己感兴趣的职业。

2. 让孩子花一个小时在《职业前景手册》的官网上搜索相关职业的信息。

3. 让孩子记下任何令他感兴趣的职业。

4. 基于网络调查，让孩子确定自己想深入开展信息化访谈的职业。

5. 帮助孩子安排和这些职业的从业者见面，进行信息化访谈。

提醒孩子在解读网络或纸质媒体上的职业信息时，注意以下几

---

① 《职业前景手册》是美国劳工部劳工统计局出版的就业指导手册。该书涵盖了数百个不同职业的信息，包括工作性质、工作条件、培训及教育要求、收入水平和就业前景。该书还介绍求职技巧并提供美国各州就业市场的招聘信息的链接。每两年再版一次，目前最新版本为2010—2011年版，于2009年12月出版。

点：

• 职业岗位数的数据有时是以百分比的形式呈现的，有时则是以就业人数呈现的。对于任何职业岗位数的“增长”和“降低”，你都必须清楚这种变化指的是百分比的变化还是数字的变化。

事实上，职业岗位数百分比的显著上升通常对应着增长率很小的职业岗位数，而职业岗位数百分比的下降则可能对应着大量职业岗位的涌现。

看看下面的实例吧。

2008—2018 年，助理医师的就业率预计将上升 39%，比其他职业的平均增长率都快得多。

助理医师的岗位数将增长 29 100 个。所以这一职业的从业者将从 2008 年的 74 800 人增长至 2018 年的 103 900 人。

相反，机械师的岗位数预计将在这 10 年里下降 4.6%。岗位数也会减少 19 300 个。然而，2018 年机械师的全部岗位数预计将高达 402 200 个。

这意味着尽管在这 10 年里机械师的岗位数下降了 4.6%，助理医师的岗位数上升了 39%，2018 年，机械师却比助理医师多出 298 300 个岗位。

• 在考虑就业增长时，您要同时考虑到新增岗位和替代性岗位。更多的岗位空缺来源于需要替代的旧岗位而非企业增加的新岗位。

为了明白这一点，想象您的企业有 10 名泌尿科医生（聘用条件：第一学历为泌尿学的医学博士）和 100 名水管工（聘用条件：具有长期在职培训经历）。政府声明在接下来的 10 年里，泌尿科医生的岗位数将会增长 10%，而水管工的岗位数只会增长 2%。计算后您会发现：在将来的 10 年里，只会有一个泌尿科医生和两个水管工的新岗位的增加。

政府又表示，由于婴儿潮一代的老员工在 10 年后将退休，国家需要新的员工接任以上两种岗位中一半的岗位。这意味着，企业将产生 5 个泌尿科医生和 50 个水管工的替代性岗位。把替代性岗位和新岗位相加后，泌尿科医生总共有 6 个岗位，而水管工的岗位数多达 52 个。

• 当看到医疗保健或计算机行业的职业岗位数增长的数据时，一定要清楚该行业内岗位数增长的具体岗位是哪些。

如果您看到一篇文章，文章中指出“医疗保健行业职业岗位数上升 30%”。不要让自己的眼界局限于这 30%的比率，应该仔细查看在这个行业中到底有哪些职业的岗位数增加了。在这 30%的增长率中，医生和家庭医疗助理的岗位数增长率各占多少？

该行业 10 年来的职业岗位数 30%的增长率反映在具体职业的岗位数上而非百分比上，将呈现如下所示的分布情况（见表 4—1）。

表 4—1　　岗位数预计增长值和对应百分比一览表

岗位数预计增长值	增长值百分比
增加家庭健康助理 460 900 人	50%
增加助理医师 29 200 人	39%
增加注册护士 581 500 人	22%
增加医生 144 100 人	22%

了解某个行业内具体职业的分布情况对孩子的职业规划有很大的影响。它决定着孩子在学术课程上将面临怎样的竞争以及是否能轻松获得一份工作。

• 不同的职业预测有着不同的准确性。比如“婴儿潮一代的员工对医疗保障服务有更大的需求”这个预测很准确，但是其他的预测就不一定那么准确了。

“15 年后所有具备硕士学位的图书馆在编老馆员将退休，具备硕士学位的图书馆在编新馆员将接任他们的职位”这个预测可能是对的，也可能是错的。

很多因素会对图书馆馆员的就业市场产生影响。图书馆的服务设施还会因科技的影响而发生改变。事实上，在近几年里，美国生产力的大幅度提升大都因为“以最少的成本创造最大的价值”。不雇用新员工或替代性员工，让现有员工承担更多职责。企业会通过这种方式来创造更大的效益。图书馆也会这样做。

教育资金的缩减将导致更多兼职的馆员出现。由于经济危机，越来越多的老馆员不愿退休。那时，图书馆将设立经理一职，并雇用具有更低教育水平和薪酬要求的人来从事相对低级的工作，让具有硕士学位的那些老馆员们承担较为高级的工作。

准确了解市场走向的唯一方式就是和该领域的从业者进行沟通。信息化访谈的重要地位无可替代。还没有进行信息化访谈就确定了职业好比还没有在街上试驾就购买了汽车。如果您得到了一辆劣质

的汽车，只能怪您自己。

• 所有的职业预测都基于这样一个假设：过去可以预测未来。然而在全球经济形势下，职业的变化是难以预测的。

1960 年，没有人预测到在 20 世纪 70 年代，大量的女性能走上劳动力市场的舞台并不再离开。1970 年，没有人预测到数字化电子文件的诞生竟然导致其他国家的工程师、会计师和计算机程序员来争夺美国的工作岗位。

探寻全球就业市场，明确未来优质职业的唯一方式就是向目前的在职者进行咨询。利用职业测试结果，开展网络调查是职业规划的良好开端。然而，“向他人咨询，了解相关职业、行业的发展趋势”有着举足轻重的意义。

现在，孩子已经做了一些职业评估和信息化访谈，您还想为孩子的职业规划提供些建议，您能做些什么呢？帮孩子明确一份潜在的工作，除了上面提到的方法，还有什么其他的渠道吗？

家长贴士 9

如果您的孩子正处于高中阶段，他很可能已经做了一些职业测评，学校也将测试结果进行了归档。许多学生在初中或高中时期就完成了一些包括兴趣量表在内的一系列测试。ACT PLAN 测试就是其中一种。高二的学生一般都会做这个测试。该测试旨在为学生指明职业道路的探索方向，并对学生的大学准备情况进行检测。

ACT 测试是另一种包含兴趣量表的测试。许多高中生都会做该测试，将它纳入大学申请的一部分。该测试包括一个考量精细的职业量表。您可以通过这个量表了解孩子的职业兴趣，明确展开调查与探索的具体职业与专业。

大多数家长只重视孩子 ACT 测试的成绩以及这个成绩对申请大学的优势，却忽略了 ACT 总结报告反映出的宝贵的职业信息。特别是该测试能清楚地显示出与孩子兴趣相匹配的具体职业领域，以及可展开调查的具体职业和专业。

找到孩子在高中阶段做过的职业测试，充分利用测试结果鼓励孩子开展职业探索。

家长贴士 10

除了极个别主动、积极的学生觉得职业调查十分有趣外，大部分学生不到迫不得已之时都不愿开展职业调查。在网络上频繁地浏览、筛选这种印刷形式的职业信息让人生厌。虽然有些网站会提供

一些视频剪辑，但一般都很难找到。然而，无论如何，职业调查的重要性的确不小。孩子的职业和教育决策是否有效和这些数据是否真实和优质息息相关。让孩子像重视大学选择一样重视职业调查，开展缜密的职业调查。

在选择大学的过程中，要让孩子完成三个“事实表”（见表4—2）。让他先按照“人脉网络联系表”上列出的职位名称（详见第三章），在网上对这些职业进行调查，再回答“事实表”上的全部问题。

表4—2　　　　事实表

1. 职业/工作名称：________
2. 工作情况描述：________
3. 工资：________
4. 展望（未来该行业还会有就业机会吗？）________
5. 教育要求：________
6. 如果有大学学位要求，那么专业要求是什么？________
7. 相关职业：________
8. 更多信息来源：________
9. 调查了该职业后，你对它还有兴趣吗？为什么感兴趣？/为什么不感兴趣？________

然后，和他一起坐下来，谈谈他的调查结果。特别是听听他对最后一个问题的回答：“在调查了这个职业后，你对它还感兴趣吗？为什么感兴趣/为什么不感兴趣？”

通过孩子的回答，您将了解他的价值观、兴趣和技能等信息，而这些宝贵的信息将影响其职业决策。

第五章

将天赋和技能注入职业

或许您跟孩子说过这样的话，“做你感兴趣的事!”但是这句话到底意味着什么呢？孩子应该怎样理解这句话呢？

找到首份工作

找到第一份工作有两种基本的方法。一种是看看自己现在感兴趣的是什么，是否渴望找到一份相关的职业；另一种是看看自己喜欢运用的技能是什么，找到一份需要运用该技能的有趣的职业。

关于第二种方法，来看看马特（Matt）的例子吧。

马特对音乐很感兴趣。他从12岁起就弹吉他和打鼓。在高中时他曾组织过几个摇滚乐队。他喜欢创作音乐，享受在舞台上演奏摇滚音乐的乐趣。

如果马特想找一份符合自己兴趣的职业，他可以在街边开个演唱会，在各种场合演奏音乐，看看自己到底能在音乐这条路上走多远。如果他真的对此充满热情，他也可以通过从事其他的工作来支持自己成为音乐家的梦想。但是如果马特不是特别渴望成为摇滚音乐家或者觉得自己没有天赋靠摇滚音乐家这份职业来维持生计，那么他可以调查一下和音乐相关的其他职业。

如果马特具备很强的动手能力，比如建造、修理东西，他可以调查一下和乐器修理相关的职业。找一家乐器修理店当工匠学徒，这样他可以把修理吉他作为未来的职业。

如果马特的计算能力不错，也喜欢解决科学和数学问题，他可以当一名音响师，为音乐厅和露天剧场开发音响系统。

如果马特的写作水平很棒，他可以当一名报纸或杂志的音乐专栏评论家。如果他具备很强的教授能力并乐于和他人交流自己对音乐的热爱，他可以当一名音乐教师。

如果马特有杰出的商业才华，他可以把自己的这种才华运用到音乐之中。如果他善于管理、策划和营销，他可以当一名乐队经理人。如果他擅长文职工作和使用计算机，他可以在一家销售打击乐器的商店当库存控制员。

或者，马特也可以找到一份和音乐完全无关的有趣工作。他可以利用自己的商业才华在艺术区开一家咖啡馆。他还可以选择一个音乐行业之外的其他的行业来施展自己的才华，而把音乐作为业余爱好。这就叫作“职业、生活双平衡”。为了保持对工作的热情，马特不一定非要选择一个满足自己所有兴趣和技能的带薪职业。

经过快速地头脑风暴，马特确定了六个用于调查的职业：

- 音乐家
- 琴师
- 音响师
- 音乐评论家
- 音乐教师
- 乐队经理人

马特可以先把这些职业加入他的“人脉网络联系表”（详见第三章），然后他的父母可以找找他们认识的从事于该职业或相关职业的人。接着，马特就可以开始他的信息化访谈了。

下面是塔尼亚（Tania）的例子。

塔尼亚对生物很感兴趣。上学时她就很喜欢和显微镜打交道，酷爱做实验。

要是她有很棒的计算和研究能力，她可以考虑成为一名生物学家，或者他也可以在一家癌症研究所工作，专门研发癌症的治愈方法。

要是塔尼亚有很强的动手能力，比如建造、修理东西。她可以考虑当一名生物医学设备技师。她可以接受相关培训，从事除颤器、心脏监视器、医学影像设备等医疗设备的设计和维修工作。

要是塔尼亚有不错的艺术天赋，也热爱写作、绘画和设计，她可以在一家出版医学教材的公司当一名插图画家。

要是她热爱教授、培训和指导他人，她还可以当一名生物老师。

要是她具备优秀的营销技能，能够说服顾客，销售产品，她可以当一名医药销售代表。

要是她有很强的组织能力、文职工作技能，她可以当一名药剂师。

或者，塔尼亚也可以从事一些完全和生物无关的工作。她所在的中西部小镇就业机会并不充足，她可以利用她的沟通技能和文职工作技能，当一名个人理财顾问。她可以在当地的一家水道清理组织参与志愿活动，利用业余时间为所在社区的环保工作，贡献一分力量。这也是“职业、生活双平衡”。

最终，塔尼亚确定了六个用于调查的职业：

- 生物学家
- 生物医学设备技师
- 医学插图画家
- 生物教师
- 医药销售代表
- 药剂师

塔尼亚把这些职业加入她的“人脉网络联系表”（详见第三章），通过父母的介绍，她和相关职业的从业者进行了信息化访谈。

下面是第三个例子。

杰克（Jack）很喜欢打高尔夫球这项运动。他在高中时就加入高尔夫球队，暑假时他还在高尔夫球场工作过。杰克应当审视一下自己的技能，看看自己能否找到一份和高尔夫球相关的职业。

他可以当一名高尔夫球专业运动员，看看自己能否依靠这份专业的职业来维持生计。

他可以从事开发、维护和美化高尔夫球场的户外工作，当一名高尔夫球俱乐部的场地经理。

他可以研究和设计使用效率更高的高尔夫球具，在一家高尔夫球具制造公司当一名研发工程师。

他可以设计高尔夫球场，当一名场地建筑师。

他可以当一名体育新闻记者，专门报道高尔夫球专业赛事。

他可以在一家乡村俱乐部，管理高尔夫球具专卖店或者当一名运营经理。

他可以在高尔夫球具专卖店当一名销售员。

或者，杰克还可以做一些和高尔夫球完全无关的工作。他可以当一名会计师，在业余时间打高尔夫球。他可以在卵石滩度假，在那儿的高尔夫球场享受打高尔夫球这项运动的快乐。这同样是“职业、生活双平衡”。

杰克选择了七种职业来做调查：

- 专业高尔夫选手
- 球场经理
- 研发工程师
- 球场建筑师
- 体育新闻记者
- 球具专卖店经理
- 球具专卖店职员

以上所有实例都将一种兴趣（名词，如音乐、生物、高尔夫）和技能集群（动词）相结合，组合成不同的职业探索方向。这些技能集群有六种：

- 建造、修理及户外工作技能
- 研究、分析、解决数学和科学问题的技能
- 绘画、作曲、写作、艺术和表演技能
- 教授、培训、关爱他人的技能
- 管理、销售、激励、说服他人的技能
- 组织信息、加工信息、核实精度的技能

这些技能集群听起来是不是很熟悉呢？它们就是根据第四章介绍的霍兰德理论进行分类的。它们被称作功能性技能或可迁移性技能。

技能金字塔

从事任何工作必须具备的三种技能之一就是功能性技能。图 5—1 所示为这三种技能的技能金字塔。

适应性技能

技能金字塔的基底就是适应性技能。适应性技能指的是“自我管理技能”。它描述的是某个人适应某种工作环境的个人技能。

适应性技能经常被描述为“独立”“诚实”“礼貌”“可靠”，它们有时会被一起用来解释“职业道德”这个概括性术语。

人们在思考自己有哪些技能的时候，经常忽略适应性技能。适应性技能被视为个人属性，而非随着时间的推移不断发展的技能。

事实上，适应性技能是由一系列行为构成的。下面的适应性技能列表（见表 5—1）列出了一些不同适应性技能对应的不同行为。

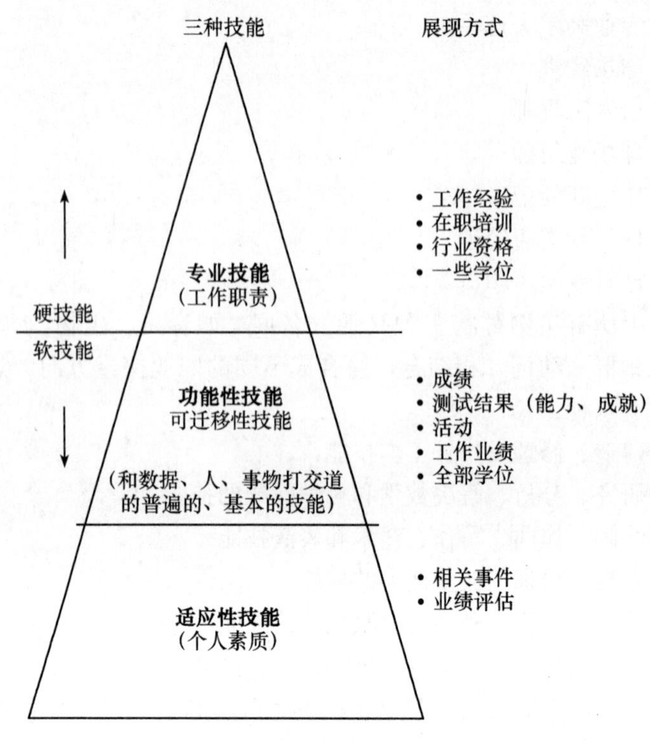

图 5—1　技能金字塔

表 5—1　　　　适应性技能列表

适应性技能	行为	评级（1～5）
愉快的	通常情况下你都有好心情吗？ 你会和同事愉快地打招呼吗？	
尽职的	你对待一天的工作尽到职责了吗？ 你能说出一件你必须做的而且没人能替你做的、你最讨厌的一项工作任务吗？	
协作的	你能和老板以及同事和睦相处吗？ 你总能在一个团队里完成你的任务吗？ 你能接受监督和建设性批评吗？ 你会主动帮助他人吗？	
礼貌的	你能礼貌地对待同事和顾客吗？ 你会专心地听别人说话吗？	
可靠的	你每次都会准时出席吗？ 工作任务重的时候，你的主管和同事会依赖你吗？ 没有检查，你也会认真地完成任务吗？	

续表

适应性技能	行为	评级（1～5）
衣着得体的	你会按照工作风格穿衣打扮吗？ 你会保持干净整洁的形象吗？	
高效的	你能很好地规划自己的时间吗？ 你能有意识地改变自己不好的工作习惯吗？	
热情的	你对自己的工作感兴趣吗？ 你会用自己对待工作的热情去感染他人吗？	
诚实的	你会小心地使用公司的财产和用品吗？你会为自己犯下的错误，虚心接受批评吗？当别人工作完成得很出色时，你会夸赞他吗？	
勤勉的	你是个积极主动的人吗？ 你会持之以恒地对待某项工作直至完成吗？ 你会避免被干扰吗？	
豁达的	你能接受和你的想法相反的见解吗？ 你能对变化快速适应吗？	
整齐有序的	你能把东西放在相应的位置吗？ 你能按照逻辑安排事情吗？ 你注重细节吗？	
耐心的	你能克制自己的脾气吗？ 有人惹你生气了，你会在说话前三思吗？ 即使再一次向顾客解释相同的事情，你仍能平静地和他说话吗？	
坚持不懈的	即使当你失去热情和耐心时，你还能坚持完成任务吗？你曾经完成过一些十分困难的事情吗？	
守时的	你会准时上班吗？ 你会在规定时间完成工作任务吗？	
随机应变的	你会预见到需要做的事情并在未要求的情况下提前完成吗？ 你会尝试任何解决问题的方法吗？	
忍耐的	你能和有着不同社会、种族或宗教背景的人相处吗？你对待所有人都同样尊重吗？	

功能性技能

技能金字塔中的第二层就是功能性技能。您不仅可以通过正式教育，也可以通过“童子军”① 和“四健会”② 这样的校外活动组织，来培养孩子们的功能性技能。有些功能性技能，像“修理设备”“策划活动”“为顾客提供服务”，孩子们可以直接从课外活动和兼职中获得，不一定要从正式教育中获得。并不是特定的职业、活动或任务才能让孩子具备这些技能。它们是能应用于未来一切生活和工作任务中的通用性技能。

功能性技能指的是和人、数据及事务打交道的广泛的通用性技能。“分析信息”“组装设备”“监督他人”“教授他人”“协商”“说服”“操纵机器”和“解决问题”都属于功能性技能。年轻人从上小学起，到高中和大学都在不断地提升自己的“阅读”“写作”“解决数学问题”这些功能性技能。其他的技能还有“研究信息”“组织观点”以及“小组公开发言”。在真实的就业市场中，人们根据不同的工作要求，选择性地使用这些功能性技能。功能性技能非常“便捷”，能从一份职业中快速转移到另一份职业中。

专业技能

金字塔的顶端是专业技能。在思索某人具备哪些技能时，您首先想到就是他的专业技能。

“审查车险理赔”“诊断癌症”“静脉注射”“测试土壤质量”“为装配线设置数值控制”和“销售游艇”都是专业技能。它们是员工为获得报酬而履行的实际职责。

不管哪种专业技能，为了更好地运用它们，人们都需要让自己拥有更广泛的功能性技能和适应性技能。因为这两种技能是专业技能的坚强后盾。让孩子明确自己现有的这两种技能将利于您指导他

---

① 美国童子军（the Boy Scouts of America，BSA）是美国童子军运动中成立的一个民间组织，是美国最大的青年团体。BSA 遵守童子军宗旨，即把一些（美国人认为重要的）价值观传授给少年儿童，诸如自尊、公民意识及野外生存技能（survival）等，这些价值观的灌输是通过参加一系列户外活动而逐渐完成的，例如野营、水上训练及登山等。

② 四健会（4-H Club）是美国农业部的农业合作推广体系所管理的一个非营利性青年组织。1902 年在美国创立。它的使命是让年轻人在青春时期尽可能地发展他的潜力，通过大量实践学习项目，来发展年轻人的品德、领导能力及生存技能。四健会在美国有约 90 000 个俱乐部，会员 5～19 岁的约 650 万人。

更好地规划职业。

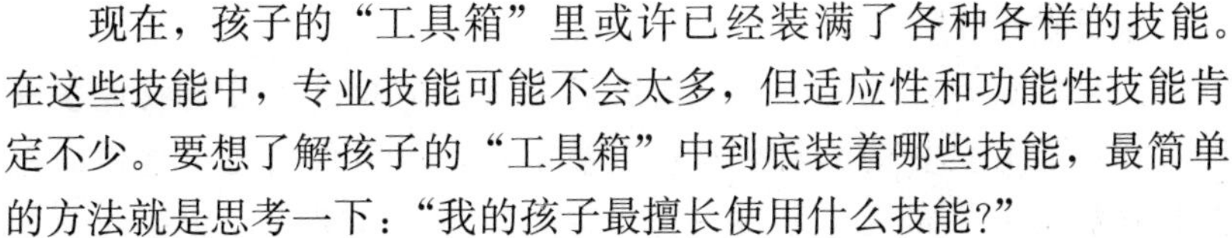

现在，孩子的“工具箱”里或许已经装满了各种各样的技能。在这些技能中，专业技能可能不会太多，但适应性和功能性技能肯定不少。要想了解孩子的“工具箱”中到底装着哪些技能，最简单的方法就是思考一下：“我的孩子最擅长使用什么技能?”

或许您会说“乔（Joe）是个辛勤工作的人”“丽莎（Lisa）数学很棒”或者“莱尼（Lenny）认识好多人”。您可能会用“创造性的”“和每个人都能相处得很好”“对待他人很随和”以及“一个很棒的作家”来描述自己的孩子。这些都是适应性和功能性技能的表现，也都是孩子的优点。您可以思索一下和孩子的兴趣相关的技能，在表 5—2 中，列出一些能进行探索的职业。这是另一种规划职业的方式。

表 5—2　　　　头脑风暴练习表格

技能	学科/活动	潜在职业

技能实例：

- 建造、修理、户外工作、使用工具、操作机器
- 研究、分析、调查、试验、解决数学或科学问题
- 绘画、表演、作曲、写作、设计
- 帮助、教授、培训、关爱他人、倾听、解释
- 管理、销售、激励、小组公开发言、说服、领导
- 组织、追踪、输入数据、核实

“头脑风暴练习表格”显示了适应性和功能性技能对于职业成功的重要性，同时也表明了大学专业的选择并不能决定未来职业是否成功。

不论您从事的职业是什么，大学专业的学习都无法决定您是否符合市场需求。不论孩子在大学的主修专业是什么，大学期间他从事过的有偿或无偿性的工作经历才是决定毕业后的他能否满足就业市场的需求的因素。

明白了这点后，您该怎样帮助孩子轻松应对专业的选择呢？怎

样减少由于孩子频繁地更换专业而产生的高昂的大学费用呢？

家长贴士 11

如果您曾担任过某个机构的招聘主管，您知道适应性技能在求职过程中有着重要的作用。有些人被解雇，原因仅仅在于他们的适应性技能太差。相反，另外一些人在公司中得以晋升，正是因为老板看重了他们所具备的较强的适应性技能。

作为一名家长，您很容易过分在意孩子的学术技能的提高，而忽略培养他的其他技能。孩子的适应性技能和他的学习成绩一样，都对其长期的职业生涯的成功至关重要。适应性技能也需要学习和练习。想想孩子在日常生活中表现出来的适应性技能有哪些，思索一下如何才能帮助孩子发展更好的适应性技能。

家长贴士 12

您在高中或大学毕业后参加工作时，所有的工作都是通过技能来划分的。员工的工作基本上分为三大类：和人打交道，和数据打交道，和事务打交道。一名社会工作者不需要会使用机械设备，一名技术人员不需要具备很强的人际交往能力，一名保险承保人不需要能和各种人打交道或者能处理各种事务。

科技改变了一切。现在，每位社会工作者必须要会使用计算机（事物），只要接收到服务保险付款就需要利用计算机来完成大量的文书工作（数据）。每位熔炉维修技师必须能够给他人提供指导，告诉他们如何使用电子炉的控制程序。每位平面设计师必须能够使用复杂的计算机软件来设计广告。在过去的 25 年里，员工们面临的部分压力来自于要学习那些不包括在原本工作职责内的新的技能——“使用计算机处理客户订单”“分析统计数据并撰写项目资助报告”以及“校准复杂的计算机控制程序来运行装配线”等。

工作不再局限于只和人、数据或事物打交道。现今没有什么高薪岗位会聘用那些只具备一种技能的员工。夯实科学、技术、工程和数学这些主干学科的知识，不仅对那些想从事数学、科学和工程类职业的学生来说很重要，对所有学生而言都十分重要。

家长贴士 13

家长和老师都经常这样告诉年轻人“做你热爱的事情”。换言之，就是“找到你的激情”。然而随着越来越多的建议，这句话的意思却变得模糊起来。现实生活中“做你热爱的事情”到底意味着什么呢？

如果您向一名成功的人寿保险销售员询问：“你为什么热爱你的工作?”您不可能得到这样的答案，“因为我一直以来就喜欢人寿保险类的产品”。

真实的回答可能是“我喜欢和他人建立联系，帮助他们解决问题”“我喜欢自己当老板”或者“我喜欢用自己辛勤的工作和强大的工作能力来提高个人收入”。和您认识的那些热爱工作的人聊一聊，您会发现他们的理由五花八门，而真正的核心理由只有一个。对大多数成人来说，在工作环境中使用那些他们乐于使用的技能将满足他们的价值观，这才是他们热爱工作的真正理由。信息化访谈将帮助孩子逐渐明白这一点。

第六章

大学专业的选择

许多年轻人对大学专业的选择感到手足无措。因为他们错误地认为选择专业就是在确定自己的第一份职业。对他们而言，专业的选择是一锤定音的买卖，关系到他们下半辈子的职业幸福。所以他们在选择专业时，都会感到矛盾和犹豫，想尽可能地推迟这个抉择。

简化流程

下面这个活动可以帮助您和孩子更加轻松地选择专业。

请把孩子所在大学的全部专业分别列入以下两个表中（见表 6—1 和表 6—2）。

在表 6—1 中，写下可直接转换成职业名称的所有学士学位的专业。（如果您不确定该工作所需要的教育水平，请查阅《职业前景手册》）。

表 6—1　　专业与职业名称对照表

专业	职业名称
会计学	会计师
室内设计	室内设计师
工程学	工程师
体育训练	体育教练
平面设计	平面设计师
护理学	护士
医学技术	医疗专家
社会工作	社会工作者
基础教育	小学教师

在表 6—2 中，写下其余的所有的专业。

表 6—2 专业列表

专业	
传播学	
英语	
历史	
戏剧	
刑事司法	
商学	
女性学	
心理学	
政治学	
经济学	
生物学	
化学	

表 6—1 列出的是通过本科阶段大三、大四的课程传授给学生专业技能（详见第五章）的专业。

表 6—2 列出的是传授给学生功能性技能而非专业技能的专业。

专业不分优劣。但是为了帮助孩子成功地获得一份入门职业，不同专业需要不同的职业规划策略。

像工程、会计、教育和室内设计这些专业，专业性较强，一般都要通过大三、大四的高级或专业课程，学生才能获得相关的专业技能。而这些技能是学生进入相关行业、获得入门职业所必备的技能。

其他专业，比如英语、历史、经济学和心理学，不会在本科阶段向学生传授专业技能，而是通过对主要学科领域的研究，来传授应用广泛的功能性技能。它们对学生在毕业后获得一份入门职业并无直接的作用。

表 6—2 所列的专业培养的是学生的功能性或可迁移性技能。这些技能是通用技能，可应用于各种工作环境中。但具体运用到哪种环境就要看孩子的选择了。

专业性强的专业

表 6—1 所列的专业，调查起来十分简单。通过专业名称，不难联想到对应的职业。孩子可以按照第三章、第四章介绍的方法，在

网上搜寻职业相关信息，向相关领域的从业者进行咨询。

从这些专业中进行选择就相当于在进行职业规划。虽然学习成绩、工作经验和参加专业俱乐部的经历都能增强孩子在会计行业的竞争力，但是没有会计专业文凭，孩子是无法获得会计师这份工作的。

如果孩子想选择专业性强的专业，比如会计专业，他要先回答三个问题：

1. 我想成为一名会计师吗？
2. 为了实现职业目标，我有能力和动力努力学习获得学位吗？
3. 会计师这个职业的就业情况好吗？

让孩子和几个会计师谈一谈，他便能自己找到答案。

培养可迁移性技能的专业

表 6—2 所列的专业，调查起来就没那么容易了。因为这些专业的名称，很难让人联想到对应的职业。

对于表 6—2 所列的专业，孩子不仅要选择一个主要的研究领域，还要选择一个职业来运用自己的功能性技能。研究领域和职业可不能混为一谈。

表 6—2 所列的专业大都为文科专业。“文科”指的是那些教授通识知识、发展个人智力的课程，这些课程并不教授专业、职业或技术相关的技能。“文科”这一说法来源于拉丁单词“解放”或“自由”，这是因为在古代，人们认为追求知识的权利只属于自由的人，而不属于奴隶。在现代大学中，“文科”指的是广泛性地学习艺术、文学、科学、外语、历史和数学这些科目。现今，英语、数学、历史之类的文科学位和工程、商学、教育学之类的“职业导向型”或“技术型”学位有着天壤之别。

美国的许多私立大学都是从小型的文科学院发展而来的，旨在培养全面的人才，促使学生追求更深入的专业培训，或者回到原先的工作岗位继续贡献力量，追求更好的公民生活。过去，文科毕业生都知道自己还需要继续攻读神学、法律或医学。从专业术语讲，攻读文科学位让学生们掌握了必要的功能性和适应性技能，他们需要以这些技能为基础，来发展自己的专业技能，创办家族企业。

如今大学里的文科专业指的是在文科课程中深入研究的某一领域。文科专业，旨在传授通识知识，发展个人智力和价值观，并非

帮助个人胜任相关职业。另外，所有的大学专业，即使是“职业导向型”专业，都会包括一系列文科课程。学生们通常视这些课程为“基础性课程”，而教授们则视之为“通识教育的核心”。无论是核心的通识教育，还是全面的文科专业，文科教育的目标都是要培养有教养的人，促使学生在离开学校后，不管是正式参加工作还是作为一名志愿者都能将所学运用到各种事业中。

这里要强调的一点是文科专业在本科阶段发展的并不是学生的岗位专业技能，而是非专业的可迁移性技能。一个具备心理学或经济学本科学位的年轻人是个通才。但是，他并不具备毕业后担任心理师或经济学家的专业技能。要想学习胜任这些有偿职业的专业技能，他需要进入研究生院，继续深造（见表6—3）。

表6—3　　专业、职业及学位需求一览表

文科专业	职业名称	学位需求
历史	史学家	硕士/博士
经济学	经济学家	硕士/博士
地理学	地理学家	硕士/博士
化学	化学家	硕士/博士
心理学	心理学家	硕士/博士
生物学	生物学家	硕士/博士

虽然经济学家和心理学家是经济学或心理学专业相关的职业，但是在美国，这些职业都需要硕士及以上的学历，岗位数还不到5%。因此，大多数文科毕业生不能从事和自己所学领域直接相关的职业。他们会将自己的文科技能和经济形势相结合，在现实生活中找到一份自己感兴趣的职业。文科专业能培养的一些功能性技能如下：

- 写作
- 分析
- 研究
- 解决定量问题
- 小组演讲
- 设计
- 整合信息
- 项目协调

- 倾听
- 演讲
- 批判性思考
- 技术操作能力

雇主们通常认为科学和数学专业较文科专业更注重培养学生的数字分析技能，而后者则更注重培养交际能力。但是基本上，所有文科毕业生具备的满足就业市场需求的功能性技能，都不相上下。选择一份怎样的职业来集中运用自己的功能性技能，这个决定取决于文科学生自己的想法。那么新的问题产生了："我能用我的××专业干什么?"

文科专业与经济

在20世纪六七十年代，许多文科专业毕业生选择从商。因为在当时的美国经济背景下，管理学的专业排名飞速上升，相关人才供不应求。人们相信，六七十年代的大学毕业生，不管取得的是什么专业，都可以获得一份很好的工作。

到了20世纪八九十年代，情况发生了改变。很多因素，包括科技、全球化和日益增长的医疗费用，改变了就业市场的格局。文科生在管理职位的优势逐渐淡去。管理阶层"锐减"，幸免于难的员工们被鼓励横向发展职业生涯或跳槽到其他公司接受新的职业挑战，而不再为了满足更大的职业成就感，专注于本公司的职位晋升。

随着经济的发展，文科毕业生的就业前景也产生了改变。学生们更倾向于攻读聚焦职业发展但专业性并不强的专业，比如商学或刑事司法专业。家长们也认为这些专业比英语和社会学专业更"实用"。

商学或刑事司法专业听起来像是传授专业技能的专业，但是它们对孩子获得入门职业并没有什么直接的帮助。它们传授的只是某个经济领域相关的知识，而非该经济领域内具体职业的岗位技能。不论是商学还是刑事司法行业，孩子想在业内找一份什么样的工作，在大学期间积累什么样的工作经验来增强自己毕业后的就业竞争力，都取决于他的想法。

您该如何帮助孩子调查文科或商学专业的就业市场呢?

首先上网搜索"大学专业对应的职业"，然后搜索国内各大高校的官网，浏览官网上提供的专业和对应的职业信息。

文科毕业生可以从事的职业有很多种。让孩子使用大学专业训练表（见表 6—4）来明确和文科专业相关的，自己有意向选择的一些职业名称。然后借助网络搜索和信息化访谈，进一步确定自己在大学期间可积累的其他技能和工作经验，利于自己在毕业后更好地就业。对于那些文科专业的学生来说，具备市场竞争力的关键就在于大学期间积累的工作经验。

表 6—4　　　　大学专业训练表

大学专业	潜在职业名称	其他工作经验或技能需求

来看看安迪（Andy）的例子吧。

安迪在高中时十分擅长数学。因此，他的高中指导老师建议他以后可以选择工程类的职业。

安迪的爸爸彼得（Pete）十分赞成这个建议。他曾一度想成为一名工程师。因此，他十分支持安迪攻读工程学学位。安迪从州立的一所旗舰大学获得了“智飞”奖学金（Bright Flight Scholarship），加入了兄弟会，还参加了工程学预科课程。安迪已经在高中完成了微积分高级课程的学习，这可以折算成“大学微积分一”的 5 个学时。这是他取得工程学学位所必需的三个 5 学时中的第一个 5 学时。他在高中就完成了大学写作课程并学习了 16 个学时的德语，但是他没有参加美国历史的大学预修课程。现在，安迪在大学里选修了“美国历史一”“微积分一”“大学化学一”以及第一年的大学指导课。

安迪的美国历史课是在一个 400 人的大教室里，由一名全职教授讲授的。安迪需要参加由研究生历史助教指导的一周两次的小组讨论，这是该门课程的学术要求之一。

安迪努力攻克“微积分一”这门课程，但最终只得到了 B。他在美国历史课中得到了 A。这门课的教授是一名美国内战的军事史学专家。安迪选修了下学期的一门同样由这名教授讲授的历史课。他还选修了“微积分二”“工程学专业导论”及“大学化学二”。

安迪在“微积分二”这门课程中勉强得到了C。另外，通过学习工程学专业导论，他发现工程学大学专业和自己之前了解到的工程学预科专业差别很大，自己并不适合学习工程学。第一学年结束的时候，安迪给父亲发了封邮件，说打算把自己的专业换成历史学。

彼得得知这个消息后非常失望和担心。取得史学本科学历后，安迪能找到什么样的工作来维持生计呢？

安迪暑假回家后，彼得叫安迪坐下来好好谈谈。他让安迪考虑一下商学专业。他认为商学比史学更好找工作。

安迪觉得商学课程听起来很无聊。他还说自己已经和指导老师谈过了，指导老师说这是他的人生，他应该选择自己想学的专业，而不是彼得想学的。彼得说安迪有权这样选择，但是他得好好规划一下自己大学以后的人生，确保自己进入工作岗位后，还能保持和在学校里一样的乐趣。

彼得向安迪推荐了很多有关职业和大学专业的网站，他让安迪在下个月花点时间好好看看这些信息，确定一些职业名称，并针对这些职业名称做一些网络调查。彼得向儿子表明自己打算在秋季开学前再和他谈谈。

几个星期后，安迪告诉爸爸自己想选“城市规划”作为职业。有关历史类职业的几个网站上出现过“城市规划”这个职业名称。安迪觉得它听起来很不错。他问爸爸是否认识在这个领域工作的熟人，他想和对方谈谈。

彼得回想了一下自己的人脉，想起了自己认识的一位女同事。她的丈夫在市政厅工作，担任策略规划之类的职务。他将儿子的兴趣告诉给了那位女同事，她同意并安排了安迪和她的丈夫见面。

安迪前往市政厅，花了一个下午的时间向就职于城市规划与发展各部门的职工进行咨询。他们告诉他，若想得到职位晋升他需要取得城市规划的硕士学位，但一些入门岗位也对取得学士学位的求职者开放。他们鼓励安迪在攻读史学专业的同时，可以在当地社区学院选修一些“地理信息系统（GIS）”的课程，同时邀请他申请该部门明年的暑期实习生。

自此，安迪在新的工作经历中，都会有意识地运用自己的计算和分析能力，而不仅仅是工程学知识。大学丰富的工作经验以及在“地理信息系统”方面的专业技能让他在该领域入门岗位的竞争中颇具优势。通过积极的方式，作为父亲的彼得不仅有效地避免了和儿子就专业的选择争执不休，把关系搞僵的困局，还轻松地收获了令自己满意的结果。

选择专业的关键点

作为家长，您需要帮助孩子认清学位、专业与就业市场的关系，下面是您应该传授给他们的基本知识。

1. 上大学，接受大学教育的理由和好处比比皆是。在就业市场，大学学位是一种凭证。它证明你具备雇主需要的技能，能满足雇主的要求，完成相关任务。

2. 不同的专业给予你立足于就业市场所需的不同的技能。一些专业教你的是专业技能，其他的教你的是应用广泛的功能性技能。两者各有优劣。但如果你想在毕业后顺利地找到一份工作，你需要根据自己所学的专业，制定相应的职业规划策略。

3. 某些专业，如工程学、会计学、教育学和室内设计，教给你的是专业技能。也就是说你会在大三、大四的课程中学习“谋生技能”。这些专业会在高年级课程中向你传授那些能让你在毕业后获得相关入门岗位的技能。

4. 其他专业，比如英语、历史、经济学和心理学，则不会向你传授专业技能。它们通过让你对某一主要领域进行研究，向你逐渐渗透应用广泛的功能性技能。用专业语言讲，文科专业给予你的是“可迁移性技能”。

5. 文科领域的研究和职业领域的研究是完全不同的两码事。如果你选择了某个文科专业，并不代表它为你指明一个清晰的职业领域。你拥有的只是一个研究领域。至于选择哪个职业领域，仍然取决于毕业后你想将自己的技能运用于哪个行业中。文科专业的学生需要做两个选择，而非一个。一个是选择哪个学科作为专业，另一个是选择进入就业市场的哪个行业来运用自己的功能性技能。

6. 专业性强的专业能利于你胜任某一特定职业。是否针对职业需求进行调查取决于你的想法。在某一领域内有某个专业性强的专业并不意味着该领域有无限多的工作岗位。工程学、会计学、体育训练学以及广播新闻学都是专业性强的专业，都能让你胜任某一特定职业。但是，涉及岗位空缺数、起薪、自雇职工数这些具体问题的时候，它们每一个的情况都不一样。这时，就要靠你自己来搜寻

这些信息了。

7. 社会对文科专业毕业生的需求情况总是与当代经济形势挂钩。过去二十年里许多管理岗位雇用文科通才生的现象已不复存在。现今，你如果选择了文科专业，就得在大学期间确定自己毕业后的工作意向。你得进行网络调查、信息化访谈并获取相关工作经验。不要抱有这样的幻想——有一个大学学位，好的工作机会就会从天而降。再说如今的大学毕业生比比皆是。

8. 获取专业知识的另一种方法就是攻读研究生。然而要求硕士、博士或者第一专业学位的职业，比如心理学家、生物学家或律师，和其他职业一样都要遵循市场供需规律。如果你打算攻读研究生，你就要调查一下你想获得的职业的发展前景。

专业选择须知一览表对以上内容进行了总结，见表6—5。

表6—5　　专业选择须知一览表

举例：

专业性强的专业	功能性技能专业
会计学	心理学
工程学	经济学
体育训练学	英语
基础教育学	生物
室内设计学	通信
建筑管理学	数学
药剂学	历史

“中间”专业
商学
刑事司法学
动物科学
新闻学
环境科学

1. 专业性强的专业能让你胜任某一特定职业。

以信息化访谈和实习的方式来探索这些专业，以确定自己是否热爱某一工作，该工作是否有较大的市场需求。

2. 教授你功能性技能的专业能让你胜任各种行业的日常性工作。然而，毕业后在哪个行业运用你的功能性技能，需要你自己去探索并决定。

通过上网搜索“大学专业对应的职业”来探索这些专业。在大学期间积累工作经验，设定自己未来的职业路线。

3. 教授你“中间”技能的专业能让你了解某一行业，但并不能让你胜任该行业内的某一特定职业。

通过向该行业内的在职人员进行咨询，来确定行业内具体的职业名称。然后在大学期间积累相关工作经验，设定自己未来的职业路线。

选择哪个专业是择校过程中要考虑的一个问题。除此之外，还需要考虑哪些问题呢？

家长贴士 14

在某一领域有某个专业并不意味着该领域有大量的工作岗位。工作岗位的“密度”有高有低，企业对雇佣人员技能的需求同样也有高有低。软件工程和室内设计专业教授的都是专业性很强的技能。而在劳动力市场中，这两种技能的价值并不一样，两种职业对应的岗位空缺、薪酬和福利待遇也不一样。

在考虑是否选择一个专业性较强的专业之前，您的孩子就应该开展市场调查。通过事先的调查，他对所学专业市场竞争力的预期才不会和真实的就业市场有太大的脱节。

家长贴士 15

让孩子在选择访谈对象时，不要局限于相关学术部门或大学代表处的教授。

虽然大学教授和其他人事部门的工作人员，尤其是那些除了教学还从事其他工作的人员是不错的职业资源，但是某一职业的在编员工无疑是最好的访谈对象。

孩子需要亲自探寻所学专业的发展情况。让他花些时间和工程师、小学教师、室内设计师或者其他从业者一起工作，准确地评估就业市场，并确定自己的确喜欢某一职业。

家长贴士 16

大多数人没能在大学找准职业定位是因为大学并不是找到首份工作的最佳场所。除了相对较少的那些和高薪职业挂钩的大学专业外，大部分职业和大学专业间并没有直接的联系。

对于大多数年轻人而言，明确职业方向的有效途径不是频繁地更换专业，而是花费时间深入调查职场，找寻自己真正的向往。“大一新生应该考虑所有专业，尝试各种课程”这种陈腐的建议不仅不能解决孩子的犹豫不决，还会增加家庭的经济负担。

对您而言，孩子能尽早明确专业并读完大学十分重要，因为您不可能为他提供无限多的大学资金。另外，在他对自己感兴趣的、毕业后将从事的领域展开调查时，您也要提供力所能及的帮助。您还要帮助他在大学期间积累相关工作经验，以增强其就业竞争力。

家长贴士 17

您想让孩子学习商学，他想学的却是史学，请尊重他的选择。

许多家长对商学和刑事司法这样的“中间专业”感到困惑。他们觉得这些专业可以教给孩子更多的实用技能，所以和英语、社会学这样的文科专业相比，它们更具市场竞争力。

然而，大多数工作要求应聘人员要同时具备相关教育背景和工作经验。在众多岗位的招聘流程中，雇主更青睐于求职者的工作经验，而非他的大学专业背景。

如果孩子没能申请到大学里那些专业性较强的专业，这并不会对他未来的职业生涯产生什么糟糕的影响。因为对他未来职业道路起关键作用的因素不在于他所学的专业，而在于他是否拥有相关工作经验。这里的工作经验，包括有偿工作、实习经历及志愿者工作。不要强迫想选文科专业的孩子选择商科作为专业，让他们选择一个自己热爱并愿意深入研究的领域。

同时，帮他们寻找有意思的工作，在大学期间积累工作经验，提升毕业后的就业竞争力。

家长贴士 18

很多家长抱怨孩子们从学校得到的建议糟糕极了。他们（和许多大学毕业生）对为获得“糟糕建议”所花费的高昂的大学学费感到苦恼。

事实上，“建议”这个词最容易让父母产生挫败感了，因为对不同的人而言，它意味着不同的事。大学里形形色色的办公部门有众多的人事工作人员，他们都在行使着提供建议这一职能。您需要搞清大学里能提供建议的办公部门具体有哪些。只有这样，在孩子需要时，他才能得到及时的帮助。

作为家长，您有必要确认一下哪些办公部门可以行使以下的职能。这些职能包括：

• 帮助孩子进行每学期选课、排课的学术咨询部门。

• 帮助孩子选择专业并明确最初职业道路的职业咨询部门。

• 帮助孩子在大学期间找到实习机会，积累工作经验的职业分配部门。

• 帮助孩子撰写个人简历，有效开展访谈，对相关职业进行网络搜索的职业规划部门。

• 帮助孩子处理大学生活压力的个人咨询部门。

所有这些职能共同构成了孩子脑海中所谓的“建议”。很多学生拥有不理想的职业生涯是因为缺乏个人职业规划，然而他们把责任

全部归咎于自己获得的“建议”十分糟糕。如果孩子自己在新闻学和工程学两个专业间摇摆不定，哪怕有世上最好的指导老师也不能保证学完所有课程的他能顺利地取得学位。您，作为一名家长，需要十分清楚学校的各个部门能为孩子提供怎样的帮助。这样，在他需要帮助的任何时候，都能立即寻求并获得有效的资源。

家长贴士 19

申请到某所大学并不代表一定能申请到这所大学的某个专业。有些专业比其他专业要求更高的平均分，有更严格的先决录取条件。另外，有些专业有特定的“入门课程”，比如只在特定的学段向学生开放的商学微积分课程。如果孩子没有选上当期的入门课程，那您只能多花一年的大学学费，让他补修该门课程。

在面临专业选择的同时，完成所选专业要求的入门课程的学习，实为不易。最好让孩子选修那些他既喜欢又符合其他专业的录取条件的课程。让他每学期都和学术指导老师进行面谈，在进行专业选择时，向就业指导中心寻求帮助。

家长贴士 20

当今广受争议的一个话题是高等教育重在“教育”，还是重在“培训”。“大学重在教育”这一观点的佐证是高等教育的目标是培养学生的批判性思维并塑造其价值观，而不是让学生为就业做准备。“大学重在培训”之说的佐证则是高等教育的核心是培养迈出校门后能为社会贡献力量的有才之士。国家创办了许多政府增地高校就是为了实现这一目标。

在20世纪六七十年代，对很多学生和家长来说，大学重在“教育”还是“培训”，这无关紧要。因为那些文科背景的学生在毕业后都能找到很好的工作，公司和机构也愿意给他们提供培训机会，帮助他们成就个人事业。美国的许多企业都具备充足的培训预算和结构化的组织，能帮助毕业生更好地成长，培养他们为公司服务的能力。而这些毕业生也时刻准备着竞聘公司高层职位，争取更好的岗位和更高的薪水。

然而，时易势迁。许多公司被更大的公司收购，也有不少公司把以前内部可以完成的工作外包到更小、更专业的公司。而文科毕业生则需要更敏锐的判断力锁定工作岗位，更高效地向雇主推销他们的可迁移性技能。换言之，文科毕业生需要明确地回答这样一个问题：“为什么雇主需要我？”

家长贴士 21

由于受到最近经济萧条的持续影响，就职于那些要求大学文凭的岗位的25岁及以下的大学毕业生，数量不到一半。调查显示那些在低于自身教育水平的岗位上工作的大学毕业生要多花7～9年的时间，才能赶上符合大学教育水平的岗位薪酬。现在许多大学毕业生从事着他们所学领域以外的工作，接受相关培训。其实，这就是大众媒体所称的“不充分就业”。这个问题不仅出现在很多刚毕业的大学生身上，同样也出现在持有同等大学文凭的人们身上。据美国劳工统计局调查显示，2008年，有超出630万的美国本科及以上学历的工人在仅需短期在职培训的岗位就职。这类工作是指通过一个月及以下的短期工作或他人的指导，能熟悉工作流程的工作。2008年，在这类要求短期在职培训的岗位上工作的工人包括5 264 200名大学本科毕业生，862 900名硕士研究生，以及206 100名博士生或专业学位获得者。除此之外，还有3 789 200名专科生。

对于那些打算贷款支持孩子上大学的家长们而言，这是个重要的信息。您对孩子毕业后的就业竞争力有什么期望？这个信息对孩子毕业后偿还学生贷款的能力会造成怎样的影响？

事实上，无论孩子的专业是政治学、化学工程学，还是体育训练学，大学学费都差不多。他们在进入就业市场后，都会面对不同的技能需求。

无论孩子是专科生、本科生、硕士生、还是博士生，在面对就业市场时，让他们把自己的眼界从学位拓展到学位所代表的技能和劳动力市场对这些技能的需求上。做到这一点，格外重要。然后再让他们贷款上大学。

家长贴士 22

“绿色职业”并没有官方的定义。但是那些对绿化地球感兴趣的学生可以考虑从事工程师这一职业。许多改善环境的高薪岗位需要工科的科学和技术背景。对绿色职业感兴趣的学生可以攻读工程学的一些传统专业，比如土木工程、化学工程、电子工程或者机械工程，并在研究生阶段重点关注绿化地球这一领域。

如果您的孩子不具备胜任工程师一职的数学和物理方面的技能，他可以对能源行业的技术岗位进行调查。现今的许多电子、天然气、石油和水利产业的职业都可能在未来转化为绿色职业。许多工人把自己具备的可迁移的、更具专业性的现有工作技能，转移到可再生

能源生产行业的职业中，比如风力或太阳能发电以及生物燃料生产。预计未来十年传统能源产业的岗位将停止增长，数以千计的高薪技术岗位将在婴儿潮一代的人退休时对市场开放。为了胜任这些职业，孩子们可以选择各种形式的教育途径，包括就业指导中心或社区学院的在职培训、技术培训，以及攻读工程技术专业的学士学位。

家长贴士 23

您的孩子可以先选职业，再选专业，也可以先选专业再选职业。前者和后者，哪种更好很难比较。但是不论哪种，都需要孩子们在课下做足功课。因为他们很容易在职业或专业调查上一拖再拖。然而，越早进行职业规划对他们越有利。在州立的一所公立大学，每多学一年，就要多缴费 8 000～10 000 美元的学费、书费和杂费。这还不包括食宿费。

家长贴士 24

同样，每个对艺术专业感兴趣的学生都会面临这样一个问题：将艺术作为主业还是副业。艺术专业的学生肯定会问："我能否以艺术作为职业来谋生?"

艺术类职业的竞争非常激烈。美国全部岗位中艺术类岗位只占百分之一，并且比其他岗位更依靠天赋与人脉，而不是学位。您应该鼓励每个对艺术感兴趣的孩子追随内心的热情，但同时让他准备一个 B 计划，帮助他在追寻艺术梦的同时，维持个人生计。

还有一些非表演类的职业，可以给孩子带来自我实现感和学以致用的机会。比如，学习绘画和雕刻的学生可以在博物馆的维护部门寻求一份工作。但是，这些非表演类的职位，就业竞争也很激烈。

家长贴士 25

在孩子们多年来辗转于各种舞蹈、戏剧和音乐的课程之后，家长们经常会吃惊地发现孩子们竟然希望在大学中攻读艺术专业。这时，家长们对经济问题的担忧又来了，他们质问孩子道："你怎么靠一个戏剧学位来养活自己?"

此时，请您退一步，让孩子自己做决定。您要做的是尊重和赞美他的艺术天赋。如果他的确有热情和天赋，追寻艺术的职业之路，您理性的经济担忧绝不会遏止他对梦想的执着。

同时，确保孩子对自己毕业后追寻个人艺术生涯的过程中可能出现的经济状况有切实的预估。最重要的是他是否具备偿还学生贷款的能力。

和其他艺术家进行信息化访谈将帮助孩子明确个人期望。他需要客观地了解就业市场，并明白如果他不能依靠艺术类职业维持生计，自己仍拥有其他的可迁移性技能，能够运用于其他的职业。他可以选择在工作之余继续享受和探索艺术。这就是“职业、生活双平衡”。

第七章

寄宿学校还是留在家中

根据学校的不同，寄宿制学校一年的住宿费在7 000～15 000美元之间。由于高昂的住宿费、个人开销和交通费，您的孩子或许不得不选择住在家中。这些高昂的费用就是您和孩子为获得“大学阅历”而必须付出的代价。

简单来说，“大学阅历”是指年轻人第一次离开家，脱离父母视线的一切新的经历。从专业角度讲，一个优质的大学阅历应该培养年轻人必要的适应力及实践能力，包括时间管理能力、协作能力、开支预算能力等。通过在宿舍这个密切的区域内接触不同性格的人，安排、平衡好学习、社交及工作等各种活动的时间，面对高等教育的官僚主义，应对学习上不断加大的要求和竞争以及为了适应这一切，不断地在生理和心理素质上的调整。经历了这一切后，孩子们将成长得更加强大、独立，同时也享受了一路愉悦的时光。

至少，这是您所期望的“大学阅历”。

然而通常，结果没那么好。那些花费更多时间在社交上而不是在学业上的学生会让自己的大学透支，四年下来，他们得到的是屈指可数的20学分和20 000美元的债务。学习成绩好的学生可能会过早地承受学费的压力，因为如果在进入大学的第一年得不到预期的分数，他们将面临丢失奖学金的危险。

您的孩子准备好迎接大学生活了吗？

您怎样才能知道孩子是否准备好迎接大学生活了呢？

要想确定孩子是否准备好迎接大学生活，您需要考虑以下三个方面：学习准备、社交/情感准备、经济准备。

学习准备

学习准备是最容易确定的。您的孩子目前的写作、阅读和计算

能力如何？您可以让孩子参加高三春季或秋季班的 ACT 考试，者让他去当地的社区学校学习，参加 COMPASS 考试。然后将孩子的 ACT 或 COMPASS 考试的成绩和大学准备基准进行对比，从而，您可以轻松地判断出孩子是否具备开始大学学习的能力。

ACT 大学准备基准是根据 ACT 考试成绩，来反应孩子在第一年大学学习的课程中成功获得学分的概率。这些大一的课程包括英语作文、美国历史、心理学、生物学及大学代数等社会学科。ACT 就大学学习准备方面做过充分的研究。基准数是指相关课程下学生们能有 50%的概率获得 B 及更高学分，或有 75%的概率获得 C 及更高的学分的对应的 ACT 或 COMPASS 的最低分数。

ACT 侧重于英语、阅读、数学和科学知识的考量，而 COMPASS 则侧重于英语、阅读和数学知识的考量。搜索“ACT 大学准备基准”，您可以找到基准数的图表。

体现大学学习上成功的另一方面是高中升学顾问所说的“玩转学校”的能力。这指的是孩子为了实现学习目标，适应高中或大学的宿舍生活和学校文化的能力。“玩转学校”的能力包括在课后完成家庭作业，按时上交作业，达到老师的要求，紧跟老师的指导，使用图书馆和在线资源，管理实践以及在截止日期前完成各项任务的能力。所有这些活动塑造了大学成功所必需的思维习惯。您的孩子在高中能“玩转学校”吗？您觉得他能“玩转大学”吗？

您可以看看孩子在高二或高三时花多长时间来完成课后家庭作业，以了解他是否能“玩转大学”。大学生每周至少应在每门课程的每个学时上投入 2 小时的课外学习时间。一个有 15 个学时课程的学生要至少安排每周 30 小时的课外学习时间，才能完成学习任务。这么多的独立学习的时间量，对一个刚参加大学的学习很好的学生而言，可是个不小的打击；而对一个不善于完成任何作业的学生来说，更是一场时间管理的灾难。

除此之外，另外一个能反映出孩子已经做好大学学习准备的方面是他的高中数学成绩。几乎所有的学士学位都需要学习大学代数或定量推理这两门科目。为了避免大学期间对数学课程的补休或造成学位获得上的延误，孩子应该在高中时尽可能多地参加数学课，包括高三的数学课。研究表明如果孩子学习了一年的难度超过代数二的高中数学课的话，他在未来取得学士学位的可能性将增加 50%。

反映您的孩子是否做好大学学习准备的第三个方面是他的写作

能力。大学生将面临数不尽的短篇论文和冗长的研究报告，不仅英语这门科目要求，其他很多科目都要求。进入大学，您的孩子将阅读各种生疏的资料，进行分析并用论文的形式表达自己的批判性思维。他必须快速并概括地撰写论文，以回答相关论文试题。您的孩子写作能力如何？他在高中时写过研究报告吗？他需要搜集各种资料吗？他的论文格式标准吗？要想在大学获得成功，您的孩子必须具备娴熟而自信的写作技能。

社交/情感准备

社交/情感准备是反映孩子是否做好大学准备的第二个评估对象。

和学习准备的评估相比，它的评估更具主观性。它包括孩子在新的、自主的环境中，进行个人界定和正确决策的适应力、智慧及能力。它涉及您的孩子是否通晓事理，是否具备实践能力、组织能力，还有结识新朋友，寻求帮助以及发展新的兴趣的能力。

大学的四年生活，尤其是刚刚进入大学的第一年是充满压力的。许多父母浪漫地评价他们的大学经历就像是童年和成人责任的美好断裂。但是当你进入大学，你会发现它的背后隐藏着巨大的压力。对当代的年轻人而言，大学的确充满各种压力。大学的压力源头完全不同于高中。20 年前派对上一个错误的判断只会让您在私下备感羞愧，但是现在却可能被录在手机上，在网络上公布。离开温暖的避港湾，踏进大学，意味着孩子们将离开赖以生存的环境，并依靠自己的力量去创造崭新的环境。您觉得孩子将怎样迎接这个挑战呢？

仔细评估一下您的孩子吧。他有哪些优点和缺点？在一个新的环境里，他将怎样交朋友？他会因为和好友报了同一所大学而已经拥有一个稳定的朋友圈了吗？他的朋友会给她带来积极的还是消极的影响？他更乐于加入一个和他有着相同兴趣爱好的团体吗？他会为了获得一个朋友圈，加入男生联谊会吗？您觉得他将如何应对酒精的诱惑？在自由的社会环境下，他有没有为自己制定合理的个人原则？您的孩子有可能会因为十分恋家或想念朋友而无法割舍情感，不能完全投入新的环境，您预料到这些情况了吗？

在您决定把孩子送入大学就读时，以上问题您都需要考虑。

经济准备

最后是经济准备。经济准备，不仅仅指您要培养孩子离开家后为大学的生活开支做预算的能力，更意味着您和您的孩子将共同面对大学经费的问题。你们要共同明确家庭将如何承担他的大学费用。

良好的经济准备表示您要十分明确您承担大学费用的立场。不管费用多少，您打算负担所有的大学费用？您的孩子也这样想？只要您的孩子得到您的许可，他可以去任何一所大学？"大学优先"的择校方法指的是先让孩子挑选一所大学，然后父母确定如何负担这所大学全部的费用。您认为"经济准备"就应该是这样的吗？您的孩子也和您的想法一样吗？你们达成共识了吗？

如果您不打算承担全部费用，或者您没有能力承担全部费用，您期望您的孩子申请助学贷款吗？如果是这样，您觉得孩子贷款多少金额才合适呢？您没有足够的钱，也凑不齐这么多的钱，所以无法让孩子进入某所大学，您跟孩子沟通过这些事情吗？您的孩子是从家人、朋友、咨询师、老师和大学招生人员那里得到的学费信息吗？如果是这样，您的孩子明白自己将承担的长期债务吗？

通常情况下，大学招生人员最先和高中生进行沟通，他们按照"大学优先"的方法帮助孩子选择大学。因此，事先明确您对择校的观点，并和孩子进行沟通，以防陷入感性地申请大学的旋涡。

您和孩子在选择大学时，将面临极具商业化的大学市场。由于传统年龄的学生数量将逐年减少，孩子们面临的大学选择压力也将越来越大。您需要明确您的立场并和孩子共同协商如何就家庭条件来进行择校。孩子拥有最终决定权吗？还是您拥有最终决定权？最终决定是基于家庭经济条件和孩子的最大兴趣，兼顾经济和学习两方面的共同决定吗？"成本优先"的择校方法指的是您优先考虑自己将承担多少大学成本。如果大学成本不是您担心的问题，那么哪所大学最适合您的孩子？

大学匹配表（见表 7—1）将帮您梳理对于大学匹配度的思考。先明确孩子为大学所做的学习、社交和经济准备是否充分，再确定纳入考虑范围的大学并搜集相关信息。这将为您和孩子制定更明智的大学决策提供更多数据。

表 7—1　　　　　　　　　　**大学匹配表**

学习匹配	社交/情感匹配	经济匹配
ACT/SAT 的平均分、学位和专业、竞争力、排名、毕业率、班级规模、教师的教学能力、学习压力、图书馆和实验室、毕业率/时间、所获资格	规模、位置、离家的距离、公立的还是私立的、乡村或城市背景、房屋、运动、宗教干预、不同种族、基础设施、便利设施、俱乐部、兄弟会/姐妹会、活动/事件	学费、零花钱、奖学金与补助金、贷款、半工半读/兼职、实习、交通费

如果学习和社交能力都很强，经济条件也很好，可以鼓励其申请任何一所大学。如果学习能力很强，但社交能力或情商不是很厉害，可以鼓励其申请离家距离较近的大学。离家只有 2～3 小时的车距的学校和需要乘坐 6 小时的飞机才能到家的学校相比，选择前者更好。一个学习和社交能力都很强但缺乏经济资源的学生，可以申请一所能够提供高额奖学金的学校，并不断提醒自己不要为了支付交通费和生活开销而申请太多的助学贷款。一个具备良好的社交能力，经济资源充足，但学习能力不佳的学生，可以选择私立学校，它能够提供雄厚的学习援助课程来帮助其培养在大学阶段应具备的技能，成功获得大学学位。一个学习和社交能力都不优秀，经济条件也不佳的学生，选择一所离家较近的学校是再明智不过的了，让其在这所学校里接受教育，直到他有能力完成大学阶段的学习任务为止。

没有“适用于所有人”的择校方法，也没有适合所有孩子的“合适”的大学。高中向大学的过渡阶段是重要的成长里程碑。高中结束时，不是所有孩子都处于相同的成长阶段。因此，孩子们必须进行大学选择。

家长贴士 26

分数贬值是指教师对学生学习成绩的评判给予更高的分数，并不符合学生所到达的真实水平。

高中老师降低评分标准，承受着很大的压力。压力来自很多方面，包括家长、学校行政人员、政治家和学生。如果分数贬值的现象存在于孩子就读的高中，这将造成孩子大学准备的评估失真。

请您搜寻更多客观的数据。在评估孩子的大学准备时，让孩子参加一次标准的 ACT 或者 COMPASS 考试，来了解其所具备的能力。考虑好您将支付的大学费用，确保您用准确和优秀的数据来制定您的大学决策。

家长贴士 27

如果孩子在标准测试如 ACT 和 SAT 考试中取得良好的成绩，证明他已经学会如何有效地“玩转学校”。但有时情况并非如此，有些学生没有在学习上投入足够的精力，却能在标准测试中取得较高的分数。大学阶段的学习，对孩子的学习能力有很高的要求，仅靠较强的应试能力是远远不够的。

为了顺利完成大学阶段的学习，孩子需具备很强的课后学习能力。一个标准测试成绩高但学习能力差的学生会在入学第一年面临很大的挑战。

家长贴士 28

赶在择校之前，帮助孩子做好大学准备，有一个非常有效的方法。每当孩子经历完新生适应阶段，开始入学注册时，让他制定好自己一周的计划，并按照计划做事。

首先，让他列出自己一周的课程安排，以便规划出自己的上课时间。接着，让他规划自己日常生活的时间，包括吃饭和运动。最后让他计算自己全部课程所需的课后学习时间，建议其采用“二对一”的原则，即每个学时需要两小时的课后学习时间。让他在时间表上确定自己可自由支配的时间并安排适量的学习。什么时候学习，在哪里学习？如果宿舍太吵闹，有什么其他的地方可以提高学习效率？

制定周计划（见表 7—2）可以拓宽孩子的眼界。孩子可以直观地看到自己在何处花费了时间，如果时间的安排不能达到他所预期的结果，他还可以重新调整自己的时间安排。

表 7—2　　周计划表

时间	周一	周二	周三	周四	周五	周六	周日
上午 6：00							
7：00							
8：00							
9：00							
10：00							
11：00							
中午 12：00							
下午 1：00							
2：00							

续表

时间	周一	周二	周三	周四	周五	周六	周日
3：00							
4：00							
5：00							
6：00							
7：00							
8：00							
9：00							
10：00							
11：00							
凌晨 12：00							
1：00							
2：00							
3：00							
4：00							
5：00							

家长贴士 29

如果孩子在大学时由于某科成绩不合格，需要进行补休，说明他的大学学习准备并不充分。孩子将面临被其他同学落下，无法完成大学学习的危险。

高中时，您就需要清楚孩子学习上的不足，并为其寻求学习辅导。那些在高中时就没有掌握良好的学习方法的孩子是不可能在没有家长监督的大学环境下，瞬间蜕变，表现出优秀的学习能力的。

在孩子参加完高二的 ACT 或 COMPASS 考试后，和他的高中辅导员进行沟通，为其制定高三的学习计划和辅助课程，这将帮助其发展适应大学阶段学习的能力。

家长贴士 30

帮助孩子进行由高中向大学的社交/情感的过渡，在孩子参加完新生报到会后和他进行深入的交流。让孩子在校园地图上指出下列场所的地址：

- 学生健康中心
- 健身房、自行车车道、跑道（可用于日常锻炼）
- 图书馆

- 学术支持服务中心（写作、数学及特定课程的辅导）
- 咨询中心（可用于寻求帮助）

家长贴士 31

在面对经济援助和其他行政事务时，您需要做出选择。您可以选择为孩子代劳一切事务，您也可以选择教孩子如何自己去处理学校里大大小小的事务。

大多数家长都会鼓励孩子在大学里自己去处理一些事务，因为他们认为孩子能在课外学到更多的东西。从专业角度讲，许多家长认为通过宿舍形式的集体生活，规划时间，结识新的朋友和理财，孩子们将学会重要的适应性和功能性技能，使其终身受益。

但是，在课外才能学到的重要的生活技能里还包括处理高等教育机构中的大小事务。如果您全权代劳这些事务，您就是在阻碍孩子学习这些重要的技能。

以下是一些功能性技能，您可以在孩子处理学校事务的过程中培养他这些技能。

- 如何用复杂的软件处理个人事务?
- 如何用电子邮件有效地沟通?
- 如何用口头语言说服他人并达成目标?
- 在签订任何东西之前，如何读懂协议条款?
- 如何预算?
- 在借债前，想清楚要承担的后果。

以下是一些适应性技能，您可以在孩子处理学校事务的过程中培养他这些技能：

- 负责
- 礼貌
- 严谨
- 注意细节

如果您全权代劳孩子的大学行政事务，您将阻碍他未来的成长和发展。虽然短期来看凡事亲力亲为可以省去很多麻烦，但是从长远角度讲，它对孩子的发展十分不利。

家长贴士 32

要想教孩子如何处理大学的各项事务，您首先要对整个流程十分清楚。这也意味着您要能进入孩子的学生行政账户。

孩子在大学可以使用的电子账户有两种。一种是用来进入教务

管理系统的，另一种是用来处理学校行政事务的。

您可以进入孩子的行政账户，但不能进入教务账户。

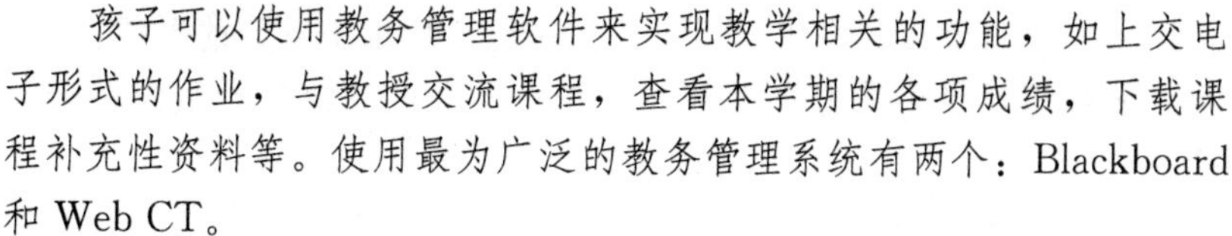

孩子可以使用教务管理软件来实现教学相关的功能，如上交电子形式的作业，与教授交流课程，查看本学期的各项成绩，下载课程补充性资料等。使用最为广泛的教务管理系统有两个：Blackboard 和 Web CT。

学生行政系统是用于实现行政任务的。如新学期注册，查看成绩单，支付学费，查看经济援助的情况，和大学人事部交流以上内容。学生行政系统通常有特定的大学标志，如“我的州立 U 大学”。

您没必要进入孩子的教务账户。如果您非要进入这个账户的话，就会像紧盯着孩子不放，随时监控他的学习情况一样。不论学习结果如何，您必须让孩子凭借个人能力遨游于学术的海洋中。如果他告诉您自己遇到了解决不了的麻烦，您可以引导他向学校寻求可用的资源，但是您绝不要监控他日常的教学事务。

另外，您只有基于以下几个原因才有必要进入孩子的行政账户：

- 您是费用的支付者。
- 这是您知道孩子期末成绩的唯一方式。
- 这是您教孩子如何使用行政系统功能的唯一方式。

鉴于联邦隐私法，孩子必须让父母知道他的行政记录。在技术化的今天，这很容易做到。让孩子告诉您，行政账户的账号和密码就可以了。另外，如果孩子申请了经济援助，让他到经济援助办公室填写一份协议书，这样，您就有权利以父母的身份，就孩子的账户和经济援助工作人员进行交流了。

家长贴士 33

在处理孩子的行政事务的每个步骤中，您都有必要问自己这样一个问题：“我是大包大揽呢，还是教会孩子自己去处理这些事务?”

您应亲自处理的事务有：

- 每年尽可能提前填写完您的收入所得税申报表，因为所有经济援助都与父母的税务信息相关。
- 即使您觉得您的家庭收入足够多，不符合联邦经济援助的最低收入要求，也要每年都填写 FAFSA（学生援助的联邦免费应用）。因为您的孩子也许符合联邦经济援助的其他条件，考虑到会额外获得一笔钱，您最好填写一下 FAFSA。
- 明确重要的日期：经济援助的截止日期、注册的起始日期、

付款的日期、全额退款的截止日期、部分退款的截止日期等。

• 注意孩子进展会的行政截止日期。

• 告诉孩子在和学校工作人员沟通时如何维护自己的利益。

• 在签署学生贷款合同时，对您的个人经济情况有很清楚的了解。

您应鼓励孩子独立完成的事务有：

• 定期登录学生账户。

• 定期查看学生邮件。

• 安排好时间并参加所有的测试、指导、注册和入学培训。

• 每学期尽早注册。

• 留意经济援助的截止期。

• 以人工或邮件的形式按时上交经济援助文件。

• 礼貌对待经济援助办公室的工作人员。

• 每学期和学术教授见面并确认所选课程。

• 大一下半学期到职业中心，为专业的选择进行咨询。

• 和教授沟通时，维护自己的权利。

• 在课堂上出现问题前，向学术援助中心寻求帮助。

在孩子入学前，您和孩子需要认真讨论的事情有：

• 您的孩子贷款多少金额。

• 经济援助金花在哪些地方。

• 大学生活开销的预算。

• 如何偿还学生贷款。

• 使用学生贷款来支付必需品而非奢侈品。

• 成绩不合格的和退出的课程对经济援助资格的影响。

• 补修成绩不合格的或退出的课程的额外学费，谁来承担。

• 经济援助的相对价值，奖学金最高并不总是最好。

• 您对某所大学学费的承担能力。

• 由于成绩差而失去奖学金的经济影响。

• 开通包括零售商店账户在内的信用卡。

• 谁来支付信用卡余额。

家长贴士 34

要是您认为自己是孩子学费的支付者，进入孩子的教务账户看看他在学校干些什么是理所当然的，请一定三思而后行。您扮演的是引导者的角色。况且，您希望有30个局外人监控和指责您吗？

或许您身处“打个电话都有可能被监听”的工作环境下。或许您能很好地面对这种过分的监督。但是，要是您不能，或是不得不在这种环境下工作，您会有什么样的感觉？

教育是课程内容和成绩展现的过程。参与这个过程是孩子的责任，和教授交流并在需要时寻求帮助也是他的责任，不管学习结果是否符合您和他的预期，接受这个结果还是他的责任。

家长贴士 35

每年《美国新闻与世界报道》(*U. S. News and World Report*)都会发布大学排名报告。这份报告中的学校是根据诸多条件进行排名的，包括每学期学生的留校率（第二年有多少学生继续留校学习）、6 年或 6 年内的学生成功毕业率以及班级平均规模。

以下是一些您可以向大学招生人员咨询的问题，您和孩子可以通过这些问题建立适合于孩子的大学排名：

• 新生入学率排名中，前五个班有哪些？

• 这五个班的退课率和不及格率分别是多少？（指的是在这些班上有多少学生的期末成绩是 D、F 或退课）

• 本校排名靠前的五个专业有哪些？每年有多少学生申请这些专业？有多少人申请成功了？

• 本校学生贷款的平均金额是多少？

• 大一新生中，补修数学、写作和阅读课程的人数占多少比例？

以上问题的答案将帮助您评估某所学校是否适合您的孩子。

家长贴士 36

“大学效应”指的是大一第一学期“饮用酒精”的健康风险的上升。之前从不喝酒的学生也许会开始喝酒，而那些从高中起就一直喝酒的学生在脱离父母的管制下，也许会更加放肆地酗酒。

对“大学生喝酒问题”，家长们做到既不过分干预也不任其发展，格外重要。处理这个问题，您需要多下点功夫。许多网站都有关于这个问题的优质的资源信息。如果您怀疑您的孩子存在酗酒问题，坚持让他去大学咨询中心并在下学期开学之前查看评估结果。用这种方式引导孩子，让其悬崖勒马，以免为时过晚。

家长贴士 37

让孩子开展职业生涯探索的原因之一就是帮助其减少大学第一年的压力。

大学第一年对所有的学生而言，都是一场巨大的转变，即使是

那些最优秀、最聪慧的学生。结实新朋友，享受社交生活和大学严峻的学习要求将使他们应接不暇。职业规划似乎就显得没那么紧迫了。

同时，在孩子开始选大二的课程时，他需要初步确定一个专业。因为大三正式开始某个专业的学习需要大二相关课程的基础。在许多学校，大二的入学注册都在大一的春季学期。既然如此，在临近大一结束时，孩子们需要初步确定一个专业，并选择合适的课程来学习，以便在大四时可以顺利毕业。

家长贴士 38

当代高等教育存在的众多问题之一是商业和学术模式的冲突，这给家长和孩子们造成了很大的困扰。大学和其他商业在什么情况下十分相似，什么情况下又不一样？您的孩子何时是顾客，何时是学生？

招生管理是高等教育按照商业模式运作的。它关注如何通过营销和顾客服务来增加净收入。学生和家长们在这种商业模式下进入教育机构。通常情况下，整个家庭在新生入学培训前，已经和学校工作人员有过长达一年的交流。

教授和学生之间的传统关系属于学术运作模式。它关注学生大学期间的学习以及如何给予他们帮助，包括从错误和失败中学习。一旦学生被某所学校接受，学生自己和家长们都期望发生新的转变并以学术模式开始大学生活。

在您和大学工作人员沟通之前，双方都应该好好考虑一下上述问题。这不仅对您十分有益，对学校也十分有益。

家长贴士 39

尽早和孩子交流并制定择校方法十分重要，其中一个原因是越来越多的大学招生都是通过电子通信技术完成的。各所高校利用脸谱网和推特等社交网络平台和学生进行互动，它们通过这种备受青年人喜爱的且极具吸引力的方式，向所有潜在的学生直接提供招生信息，以此吸引众多的申请者。对学校来说，提交申请的学生越多，挑选最佳的学生组合来推进招生管理目标就越容易。

作为一名家长，您并不清楚孩子和招生人员的在线交流将如何作用于招生管理过程。社交网络这样的招生工具对您来说太陌生了，您无法预测孩子在做大学选择时将怎样被其影响。

您需要快速出击。提前和孩子协商如何进行大学选择，并告诫

学生在社交网络上和学校招生人员沟通时要小心，不要泄露过多的个人信息。

家长贴士 40

上大学是否选择寄宿并不是孤注一掷的决定。学生可以先在家里住一段时间再搬入学校。

如果您的家庭计划是这样，让孩子和两所学校的咨询机构都进行密切的交流以确保所有的课程都能转换成学分。某个专业的全部先修课程也要包含在学习计划之中。

家长贴士 41

如果学费对您而言是个难题，一定要让孩子的高中辅导员知道您择校的优先原则，以及您正在考虑的学校。这一点至关重要。

许多人甚至教育家都不了解目前大学助学金有哪些是贷款而非助学金与奖学金。如果这对您来说很重要，请弄清楚所有这些问题，让您的孩子明白您的立场。大学教育对于年轻人来说是一份丰厚的礼物。但是，让孩子在不负担任何债务的情况下开始成年生活也很重要。

家长贴士 42

如果您的孩子在高中没有完成大学入学写作和大学代数两门课程，他们在大一入学前必须参加可以替代这两门课程的相关测试。一些高校利用 ACT 或 SAT 考试来确定学生第一年应参加的大学课程。还有一些学校有其专门的替代性测试。

如果您的孩子将参加替代性测试，您一定要让他做好考前复习。如果他没有参加高中的数学课程，在考前好好复习数学概念尤为重要，这样他才不至于参加大学的补修课程。让孩子在参加替代性测试前，去公共图书馆浏览学习指南，帮助他回忆和复习写作、阅读以及计算技能。

家长贴士 43

如果孩子从学校打电话回来，抱怨自己正面临的一个难题。可能是想发泄一下情绪，也可能是想向您寻求帮助。如果您不耐心地倾听，将一无所知。不要直接插手解决孩子遇到的难题，试着这样说："告诉我你采取了什么样的措施来解决这个问题。"通过耐心认真的倾听，让孩子自己思考一下可行的解决方法，您要做的是教会孩子如何解决问题并进行自我调适，而不是替他解决整个难题。

家长贴士 44

确定自己是否过分干预，最简单的方法就是扪心自问一下："如

果遇到以下情况我想帮助我的孩子解决这个问题吗?”

如果孩子在您办公室旁边的隔间工作，被分配到您的项目组，出现以下情况，您会怎么做?

- 他的母亲让孩子的高管评估其绩效。
- 他的父亲通过网络监控你们的小组讨论和项目进度。
- 孩子在面试时，父亲坐在等候室。
- 父亲给您的高管打电话，并表达对您的不满。

现在好好想想吧。您是不是总是包揽孩子本应自己处理的事务，妨碍他发展相应技能？当他试着自己解决一件事的时候，您总是给予“否决”的一票？当他想从自己的错误中学习时，您总是剥夺其尝试的机会?

四五年后，您的孩子将进入劳动力市场。那时的他需要具备雇主所需要的技能。雇主们一直渴望的人才应具备以下最具价值的技能：

- 适应力
- 承担责任
- 交流
- 合作
- 服从
- 以顾客为中心
- 诚实
- 正直
- 主动
- 创新
- 以品质为中心
- 信守诺言

您的孩子拥有以上哪些技能？作为一名家长，您将如何帮助其培养这些关键技能?

第八章

导航从高中开始

控制大学成本最有效的方法就是让孩子从高中起就严格规划自己的学习。这可没有想象的那么简单。

高中证书与大学准备

如今，许多高中为学生和家长们提供了丰盛的“证书自助餐”，学生和家长们必须从中进行选择。这顿“大餐”包括大学预科证书、各种荣誉证书、国际学士学位证书以及基本高中文凭。由于选择太多，作为一名家长，您很容易相信这些所谓的大学预科证书能保证您的孩子符合高中课程的最低要求，并且获得大多数公共和私立大学的认可。您甚至还会错误地认为，只要您的孩子高中毕业了，他就为上大学做好了准备。

许多高中文凭并不要求学生在数学、科学和外语这些科目上达到大学水平。当学生来到大学，接受分班考试时，许多人因为在高中所学没能达到大学要求的水平而被分到数学、写作、阅读的补习班。

在高等教育中，发展最为迅速的一个部分就是大一新生的补习课程。这些课程也被叫作发展性课程或大学预科课程，通常不产生学分，不会对学生的毕业产生直接的帮助。然而，为了增强孩子的学习能力，使之尽快适应大学课程的学习，取得良好的成绩，补习课程又是必不可少的。

现在，每四名大一新生中就有一名新生至少上一门补习课程，其中很多人都不得不补习数学这一科目。孩子在高中时参加的数学课的时间与这直接相关。作为一名家长，允许孩子在高中时“不选”数学课将成为您所犯下的一个代价最大的错误。

通常，大学本科生至少要通过一门大学代数课才能毕业。而许多其他的专业，比如和商学相关的专业，需要学生参加的数学课程

更多。

但是，大学辅导员在与学生日常接触时发现，这些早在高二、高三就完成了数学课程的学生了解到到了大学还要学自己在高中就不喜欢学的数学，而不学又不能毕业拿到学位时，既惊讶，又恼火。

如果孩子只是在高中阶段学习了两三年的高中数学，尤其是只学习了数学计算或基础代数的话，他不可能通过大学代数课程的考试。一般来说，在高中阶段只学了两年数学的学生到了大学，会被要求至少上一门补习课。而如果不是两年，那么补习课便会成为一门大学必选的选修课。而且只有上完补习课后，才能学习大学代数的课程。

下面是“不选”高中数学课会带来的一些不利后果。

1. 补习费用。一个学时 80～800 美元不等，再加上教材费，补习课的费用可不便宜。

2. 学生贷款受限。由于大一时孩子上补习课就用尽了学生贷款的限额，孩子在高年级时可能无法继续申请学生贷款。

3. 重修数学补习课的费用。大学阶段的补习课节奏很快，要在 16 周内学完高中一年才能学完的知识。这直接导致了数学补习课的高退课率和高不及格率，很多孩子需要重修。

4. 大学其他课程被延迟。缺乏数学知识的基础会让孩子在上其他需要数学基础的课程时受阻并落后。比如商学专业就有很多和数学相关的课程。这将导致孩子重修这些课程，如此恶性循环，本应四年完成的大学课程很可能被延迟一个学期甚至更多的时间。大学学习成本也会随之增加。

在高中修大学学分

另一个能有效控制大学学习成本的方法是在高中修大学学分。与大家通常所想的不同，在高中修特别多的大学学分没什么必要。虽然修同样的学分，高中比大学便宜些，但是孩子并不一定对此感兴趣。

高中生可以通过如下方式修得大学学分：

1. 参加荣誉课程[①]，并在课程结束时参加全国 AP[②] 考试。

2. 参加荣誉课程，并在课程结束时参加 IB[③] 考试。

3. 参加荣誉课程，并从一所当地的大学获得大学学分。这叫作“双边学分”。

4. 去当地的大学和大一新生一起上课，获得学分。

5. 参加职业技术类课程，并用这些课程换取大学学分。

6. 去权威考试中心参加 CLEP[④] 考试，并获得相应课程的大学学分。只要通过考试，没有参加过该课程也可以得到学分。

对那些想得到 AP 学分的学生来说，在荣誉课程结束时需参加一场全国性的 AP 考试。考试结果会被寄送至学生所申请学校的招生办。学校决定 AP 课程每年的及格线和及格线对应的学分数。学校还会将 AP 考试成绩高的学生分入高级班，或者对通过 AP 考试的学生给予学分奖励。各高校对申请本校相关学位所需的 AP 学分有决定权。

IB 学分与 AP 学分大致相同，学生也需要在 IB 课程结束后参加一场标准化考试，并将考试结果寄送至相关大学。大学会决定申请本校相应学位的 IB 学分。

至于双边学分，孩子需报名参加高中的荣誉课程，您则需要向当地认证大学缴纳费用，使其将孩子所获得的大学学分记录在案。学分记录单可被寄送至其他大学，但您要注意的是，获得当地大学

---

① 荣誉课程：区别于标准课程的一种课程形式。课程程度更深，学习节奏更快。一般安排更小的师生比例。

② AP：全称为“美国大学预修课程（Advanced Placement）”。指由美国大学理事会（the College Board）提供的在高中授课的大学课程。为有能力的高中生提供机会，允许他们在高中时期提前选修大学水平的课程。

③ IB：全称为“国际预科证书课程（International Baccalaureate Diploma Programme）”。课程为期两年。学生必须在规定的六个学科组中每组选一门课程进行学习，每门课程又被分为高级课程和标准课程，六门课程中至少三门被要求是高级课程。

第一组：语言 A1

第二组：第二语言 AB/B/A2

第三组：个人与社会学

第四组：实验科学

第五组：数学和计算机科学

第六组：艺术

④ CLEP：全称为“大学学力测试课程（the College Level Examination Program）”。CLEP 得到全美 2 900 多所高校的认可，有 1 700 多个考试中心和训练基地。该考试共涉及 5 个科目，含 33 种考试，考试内容一般包括学生在大学前 2 年所学课程的内容。

认可的荣誉课程并不一定适用于孩子所申请的学校的相关学位。有些高校并不认可双边学分。学校越有名气，就越不愿意承认其他学校认可的学分。

如果孩子在当地大学上课，他也会得到一份学分记录单，并可将其寄送至他所申请的大学。大学课程可以被转换成高中课程，其兑换的学分也可被算入高中毕业要求的学分。这也是另一种形式的双边学分，对孩子进行家庭教育的家长们经常使用这种方法。

技工学分是指学生在高中阶段通过参加技工课程，可向当地社区学院或技校申请学位或证书的大学学分。如果一名学生被一所社区学院或技校录取，那么他在高中阶段完成的技工课程可以兑换成相应的大学学分。例如，一名在高中学习过计算机网络的学生可以在当地社区学院获得大学计算机科学课程 6 学时的学分。这是计算机网络证书的认证要求之一。

最后是 CLEP 学分。它和 AP 学分很像，也需要学生参加某门大学课程的全国性考试。对那些已掌握了该门课程的学生们来说，他们可以选择参加这个考试并获得大学学分来证明个人实力。每所大学对“CLEP 成绩该如何换算成学分”，“接受多少 CLEP 学分的学生”都有其各自的规定。

明白学分对学位的作用

无论哪种可以在高中修得的学分，您都需要考虑如何有效地积累学分以取得大学学位。“能换取学分的课程”和“所申请学位要求的课程”有一定的差别。孩子在高中阶段获得的所有大学学分都会以大学水平的课程反映到学分记录单上，但并不是所有课程都是与该学位或该专业相关的。

为了理解这两者的区别，您需要了解四年时间获得的大学学位，即本科学位，需要修哪些课程。

本科学位所修课程最基本的是大约 40 个学时的通识课程，学生们称之为基础课程。其中包括大学写作、数学、交流、历史、科学、人文科学、社会科学，以及学校认为对学生未来的学习和生活十分重要的其他的基础性课程。这些课程构成了获得学位所必需的通识教育或“文化教育”的核心。一般情况下，学生们在大一和大二期间学习这些课程。

接下来是专业预修课程。这些课程最好在大二完成，为大三学习更高难度的专业课做准备。商学专业的学生为了更好地进行大三的学习，往往在大二就要完成经济和会计两门课程的学习。英语专业的学生则需要在大二时完成美国文学和一门外语课程的学习，为大三的学习热身。为了顺利地进行三年级专业的学习，每个专业都至少有一些课程在二年级时必须完成。

预修课程之后就是专业课程了。这些高难度的专业课程只能在大学学习。孩子将从专业课程中获得知识、经验及专业技能。

最后，还有一些辅修性的或特定地区要求的课程，以及一些通识选修课。这些课程一起构成了本科所学的全部课程。不同的专业，通识选修课程的数量也不同。

高中修得的学分能兑换成以下三种形式的大学学分：

1. 通识教育课学分

2. 专业预修课学分

3. 选修课学分

在决定是否让孩子参加相关课程以获取大学学分前，请您先想想为什么您想让孩子在高中修大学学分。

1. 为了让孩子做好大学的学术准备？

2. 为了省钱？

3. 为了孩子未来更好地学习专业而提前达到预修专业的要求？

4. 为了孩子顺利大学毕业而提前积累选修课的学分？

无论如何，荣誉课程都是有益的。研究证明，孩子在高中上的课程难度越大，尤其是数学和科学，大学顺利毕业的可能性就越大。有些学生在高中参加荣誉课程但并不换取大学学分，上大学学习相似的课程再取得学分。这样做其实更好。

举个药剂学专业学生的例子，这名学生参加高中大学化学一的荣誉课程并获得大学学分。他想获得大学奖学金，那么他的 GPA 成绩必须在 3.5 分以上。如果他已经参加过高中大学化学一的荣誉课程了，那么在大一时，他可以直接与那些大二的学生一起学习大学化学二，为大三的专业学习做准备。但如果他大一时重复学习大学化学一这门课程，加上高中的基础，他将很容易取得优异的成绩，并且为二年级大学化学二的学习打下扎实的学术基础和人脉基础。这样做，对他更有利。因为即使经历了从高中向大学的过渡，他仍能保持优秀的 GPA 成绩。

AP学分以严格的国家级考试标准，受到各大高校的认可。AP学分的获得可以证明一名学生掌握了某学科大学水平的基础知识。然而双边学分没有国家级标准，它像大学课程一样，由教师根据学生是否达到自己的标准而给予学分。因此，具备双边学分授予权的大学会监督高中荣誉课程，并确保高中教师能胜任大学水平的课程教学。

如果您的孩子正在上双边学分的课，您能确保孩子所在的高中和他将进入的大学有相同的评分标准吗？您觉得他具备足够的能力获得双边学分吗？在高中和大一学习美国历史一是一样的吗？您对这些在意吗？

在您为孩子支付荣誉课程的费用前，您需要慎重考虑这些事情。孩子在高中学习了大部分的基础课程并毕业后，将直接开始二年级的大学学习。这意味着您的孩子将和大二的学生进行竞争，而这些学生已经经受了从高中到大一过渡期的历练。对有些孩子来说，这无疑是火上浇油，压力倍增。孩子在高中环境下完成AP课程或严密的双边课程并获得大学程度的知识，和他在大学环境下完成相同课程并获得相同的学分，是完全不一样的概念。对一些大一新生而言，在适应大学新的学习环境的同时还要应对大二高难度的课程，这无疑是个巨大的挑战。它将影响孩子保持较高的GPA成绩和奖学金的取得。另外，孩子还将面临迫在眉睫的专业选择的问题。

最后，如果您让孩子在高中修大学学分只是为了让他为大学的顺利毕业多积累一些选修课的学分的话，您需要知道许多大学学位对选修课有明确的要求。许多高校几乎都不承认高中通识选修课程的学分。另外，一些在高中举办的技术或职业课程可能符合特定学校的特定课程，但并不是所有大学认可的选修课程。

一般而言，让孩子在高中参加大学写作和大学代数两门课程是一个既省时又省钱的好方法。除此之外，其他的荣誉课程是否有意义取决于孩子个人和他的学术目标。美国的高等教育是分散式的。每个学位要求的每门课程，每所大学都有自己的规定，而且通常同一所大学的不同学院也会有不同的规定。例如，您的孩子在高中完成大学德语16个学时的课程，其中只有3个学时可以转换成工程学专业的学分，然而这16个学时却都可以转换成新闻专业的学分。“我想要孩子在高中阶段参加的全部课程都可以转换成大学学分，但是我并不知道他打算去哪所大学，也不知道他想学什么专业。”如果

您是这样想的话，就相当于您在说："我想要最便宜、最快的航班到达度假胜地，但是我不知道自己要去哪儿。"您将在整个过程中浪费很多的时间和金钱。

因此，您应该和孩子高中的辅导员紧密联系，一起决定是否让孩子在高中参加荣誉课程，换取大学学分。您还应该搜集其他相关的信息。许多大学在官网上都会发布许多有用的信息。包括其认可的由其他学校举办的荣誉课程，每个学院对这些课程的不同要求，以及其对 AP、IB、CLEP 考试的学分规定。大学申请部门的工作人员也会帮助您解读这些信息。

另一个不错的资源就是其他孩子的家长。如果有谁家的孩子现在正就读于您的孩子想要申请的大学，咨询一下他们的家长，他们的孩子在高中阶段参加的课程是怎样兑换成大学学分的，他们有什么好的建议。

有了以上丰富的信息，您将对孩子是否应该参加高中的荣誉课程来换取大学学分有一个更清晰的认识。

但是要是孩子没有在高中修大学学分呢？要是您的孩子对大学不感兴趣呢？您该怎么做呢？

家长贴士 45

许多在"婴儿潮"时代出生的家长们都不重视数学。其中一个原因是许多家长在上大学时，不需要上数学课。因此，他们绝不会说自己阅读能力不行，但他们会漫不经心地告诉别人自己不擅长数学。

想想吧。您是不是总是告诉别人他们没必要知道如何写作？您觉得其他国家的家长们也这样告诉他们的孩子"别理代数——那是计算机该做的事"？

时代变了。不管您上学时是否喜欢数学，不管您在目前的工作中是否使用数学，您都要鼓励孩子学好数学。数学、科学和科技都是未来高薪职业的重要元素。您要和孩子沟通，并告诫他学好数学至关重要。即使您自己并不擅长数学，您也要激励孩子并相信他可以取得优异的数学成绩。从小学、中学到高中，您还要坚持给予孩子优质的数学教育。

家长贴士 46

父母经常会面临这样棘手的状况：高二、高三的学生在取得高中要求的最低的数学成绩后，不愿意继续上数学课。同时，许多父

母也会对孩子们学习代数的真正意义产生怀疑。如果您的孩子不打算成为一名科学家或工程师，他有必要这么努力地学习代数吗？答案是未来所有优秀的工作，不论是商业、教育还是医疗领域，都要求劳动者具备解决问题的能力，而这一重要的能力需要学习代数来培养。学习代数不是为了让孩子记住他不用的公式，而是为了让孩子学会解决问题的规律和步骤。代数教会孩子学会明确已知，系统地找寻解决未知难题的方法。代数的学习需要耐心、坚持和规划。它让学生敬畏数字的力量，并向他们展示作为消费者，不论他们正在申请房贷，进行股市投资，或是支付学生贷款，数字是如何为他们带来利益和造成不利的。

家长贴士 47

当您的孩子在从高中过渡到大学时，您也面临着一个重要的挑战，即您的角色由监护人转变为培养孩子自我管理的导师。许多家长觉得做到这一点很困难。因为许多年来他们都在和教师协作，和学校工作人员打交道。

孩子上小学时，您和老师联系并就课堂上的难题进行沟通再正常不过，但是如果孩子上大学了，您还这样做，就不合适了。您的孩子应该学会自我管理。

自我管理是一项技能，像其他技能一样，需要传授和练习。您要做的是教会孩子如何进行自我管理。在大学阶段，您应该多和孩子联系，而不是和教授或大学工作人员沟通。您可以针对如何应对各种情况，提问哪些问题，和学校工作人员如何交流等问题，给予孩子适当的建议，但是不要直接干预孩子的日常生活。

家长贴士 48

减少和学校的联系有两个简单的办法。一是在和学校往来的全部语音留言中和电子邮件的主题处留下孩子的姓名和学号。二是在给大学工作人员的语音留言中清楚地陈述自己的电话号码，而且最好陈述两次。这样，就便于工作人员在给您回电前，通过学号查看孩子的相关信息。也便于他根据准确的电话号码立即联系到您，避免不必要的耽搁。

家长贴士 49

现在的年轻人要想在毕业后找到好工作，不仅需要良好的教育，还需要一定的工作经历。很多父母对大学以实习的形式让孩子积累工作经验抱有很大的期望。

虽然和学术相关的实习很重要，但不要轻视孩子从事销售员、餐厅服务员这些传统的和学术不相干的工作。不管在高中还是大学，孩子利用在校和暑期的时间从事这些传统的工作，会培养并增强其适应力。这相当于带薪学习，孩子们在获得薪水的同时，将学会独立，如何与同事相处，并获得老板的指导和管理。他们将学会处理所有职业都会涉及的“日常事务”，包括准确无误地完成日常的文书工作，准时填写相关表格，完成政府要求的日常清洁工作。虽然这些“日常事务”十分烦琐，但也十分必要。

家长贴士 50

如果您的孩子有神经疾病，例如“注意力缺陷多动障碍”[①]“艾斯博格综合征”[②]或“学习障碍”，您需要在申请学校时，立即和该校负责残疾学生的辅导员联系。法律对有特殊需求的大学和高中学生的食宿标准有不同的规定。您要确保孩子需要的服务与法律要求下学校能提供的服务保持一致。

家长贴士 51

在美国有一半的大学，毕业率不到50%。这表明众多高校只是一味地扩大招生，而没有对进入校园的学生给予足够的学术支持。这还说明很多学生没有选择一所适合自己的大学，或者他们还没有准备好应对自己所选大学的学习生活。

作为一名家长，您有必要向大学招生人员咨询这样两个问题：“贵校的毕业率是多少？”“大一新生中有多少人在6年内从贵校毕业？”

另外，如果您的孩子需要参加数学、写作或阅读的补休性课程，在申请大学前，您需要核实该所大学的学术支持服务是否有较好的质量，孩子是否可用。由于分数低而参加补休性课程的学生，在入学时本身的学术知识就不扎实。因此，不管您和孩子选择什么样的学校，您必须确保该校具备孩子需要的学术支持系统，并确保孩子可以使用它。

---

① 注意力缺陷多动障碍是一种神经发育型的精神疾病。主要症状表现为注意力不集中，活动过度和冲动，常伴有学习困难、品行障碍和适应不良。此症状一般发生在6～12岁。诊断期至少需要6个月，患此疾病的学龄儿童多学习成绩较差。

② 阿斯伯格综合征（AS）属于孤独症谱系障碍（ASD）或广泛性发育障碍（PDD），具有与孤独症同样的社会交往障碍，局限的兴趣和重复、刻板的活动方式。在分类上与孤独症同属于孤独症谱系障碍或广泛性发育障碍，但又不同于孤独症，与孤独症的区别在于此病没有明显的语言和智能障碍。

家长贴士 52

高中数学成绩好的学生通常会被建议选择工程学专业。但是如果学生对工程学专业要求的三个学期的微积分课程感到没有信心，也可以选择其他的对数学要求不高的工程类专业。

本科学位有两个工程类的学士学位：工程学和工程技术。很多社区学院也提供两年的工程技术学位，将其算作工程技术本科学位的一部分。

工程师和工程技师共同服务于许多领域的课程，包括建筑、建造、能源、通信、医疗、信息技术和制造业。孩子们可以通过查看《职业前景手册》，或直接采访在工程行业就职的员工，来了解各种不同的工程类职业。

并非所有的四年制大学都同时提供工程和工程技术学位。有的大学只提供工程学位。为了节约经费，很多州根据学校的不同，分配给各校的技术学位的教育经费也有所不同。同一个州的教育系统下，并不是所有大学都提供各种专业。因此，了解想申请的学校可以提供哪些专业格外重要。您可以在学校官网上查看有关学位、课程和专业的信息。

家长贴士 53

衡量义务教育质量的一个重要标准是大学升学率。美国的大学升业率不到 50%。因此，“一个地区内学生的大学毕业率是多少”值得各位家长关注。

您需要对孩子为大学所做的准备做一个切实的评估。也就是评估孩子的高中学习情况。其中一个评估标准就是孩子所在高中的其他学生的在校记录。您可以向孩子的高中指导员咨询该校近几年的毕业生在大学的学业成绩。

家长贴士 54

不要让孩子重复参加高中相关课程，换取多余的大学学分，避免花冤枉钱。

一门美国历史的双边学分课程相当于美国历史的高级课程或美国历史的大学课程，和美国历史的 CLEP 考试的内容也相当。许多高中都以各种形式提供能换取大学学分的课程，因此防止孩子重复参加同一门课程十分重要。

各所大学的官网上都会提供高中课程如何兑换成本校学分的政策信息，您可以在上面查看学校对于 AP、CLEP、双边学分课程的规定。许多学校对高中课程能兑换成多少本校学分都有明确的规定。在孩子大一入学前，您要确保相关大学授予的双边学分记录单和其他考试机构提供的成绩单都已寄送至孩子所申请的大学。同样，还要确保孩子正式地被接受进入高中的双边课程，因为双边课程中，授予学分的相关大学一般都会有额外的招生流程并收取一定的费用。如果没有完成招生流程也没有缴纳费用，大学是不会授予孩子学分的。

家长贴士 55

如果您的孩子参加 AP 和双边课程是为了缩短完成大学学业的时间和节省学费，您需要和学校招生人员提前确认，确保您的孩子以大一新生的身份开始大二的学习。

许多学校是按照从大四到大一的年级顺序来招生的。这样可以确保已经深入学习专业的大四学生能够选上所有其需要的课程来完成学业。

假设您的孩子已经在高中学习了 30 个学时的通识教育课，打算选择商学专业并且需要在大一上金融会计课，在入学注册时，他还能选到这门课吗？如果不能，您的孩子可能就要在大一选修那些与其结业无关的课程了。

第九章

走适合自己的路

如果您的孩子对四年制大学不感兴趣，这并不能意味着他的人生彻底完蛋了。在当今的经济背景下，你们还可以选择其他的路径。

在中等水平中迷失

高中阶段，在班级中成绩在中等及以下的孩子很难考上大学。他们希望能攻读大学，但却没有这样的学术实力。

丹尼尔（Daniel）就是一个典型的例子。

丹尼尔对高中生活十分厌恶，毕业后他进入一所社区学院念书。他对他的学术导师说："我之所以来这里念书，是因为我不想被我爸妈赶出家门。"

丹尼尔只想学习那些最基本的东西，这样他好把更多的心思放在"别的事情"上。在高中时，他的成绩永远都是"C"。他报名参加了高中文凭课程，这门课对数学成绩的要求比其他文凭课程的要求要低一些。其他的文凭课程还包括大学预科文凭课程、荣誉文凭课程，以及国际高中毕业文凭课程。

在高三时，丹尼尔每天上午只去上两个小时的课。然后他就去一家汽车配件专卖店"实习"。他每周要在那里工作 30 小时，头衔是销售助理。为了达到高中对实习时间的要求，他让老板每学期都为自己填写实习证明。除此之外，这家汽车配件专卖店不会对丹尼尔进行任何培训或指导。

丹尼尔进入当地的社区学院后，才发现他还要额外地补修 12 个学时的数学课才能正式开始大学课程，否则他不可能拿到社区学院的学位。这让他又惊又气。按照他被分配到社区学院时的档案来看，丹尼尔已经拥有了 9 年级的计算能力（他在高中时参加了"代数一""几何"及"代数二"的课程，只不过他"代数二"的成绩是 D）和 10.5 年级的阅读水平。在社区学院的第一学期里，他修了 12 个学时

的课程，每周还要在汽车配件专卖店里工作至少30小时。丹尼尔不能减少他的工作时间，否则他就付不起自己汽车的油费。他很想搬出去自己住，但是又无力支付房租。

在读了几个学期后，丹尼尔很可能会离开社区学院，既拿不到学位证书，也拿不到职业资格证书。由于他没有任何专业技能或者其他方面的从业经验，很快就会跌入较低的社会阶层。他将受到大学的抛弃。

大学招生人员没有告诉家长们的一件事是，进入大学学习的学生们，只有47%的人能够最终拿到本科文凭或者完成两年的转修课程。在一些社区学院，毕业和转修的概率只有25%。

40年前，学习成绩不好对丹尼尔而言，算不上什么大事。根据高中记录在案的成绩，他将被分配学习职业技术课程，这个课程对学习能力的要求并不高。高中毕业后，他能很轻松地在当地社区里找到一份高新制造行业的工作。

在过去的25年中，大量的这种不需要多少技能却报酬可观的工作岗位消失了。取而代之的同类岗位微乎其微。这导致了这样的结果，很多像丹尼尔这样的年轻人发现自己别无选择只能抱最大期望，进入社区学院。这是因为大部分社区学院是宽进严出型的。像丹尼尔这样的学生，即便成绩不好也能被社区学院录取。然而，进校的时候他们需要参加分班考试，根据成绩来决定他们是直接进入大学水平的学习，还是必须先参加补修课程，并承担所有费用。

丹尼尔缺少职业成熟度。没有人帮助他去探讨一个切实可行的职业目标，或者告诫他，他的高中努力程度将决定他是否能过上期望的未来生活。更没有人告诉他劳动力市场的真实情况。

如果您的孩子和丹尼尔的情况相似，在参加大学预修课程前，您要做一名辩护人式的家长。您必须要介入。帮助您的孩子分析，除了四年的本科学历，他还有哪些其他的选择。您还要搞清楚，在当今经济背景下，您的孩子怎样才能获得众多技术性工作的岗位培训。

剖析劳动力市场结构

要想了解当前经济背景下，技术工作岗位的情况，请参考第三章美国劳工统计局的统计数据，从另一种角度审视图3—2。

劳动力市场中的工作岗位可以分为三类：专业性岗位、技术性岗位和操作性岗位。

专业性岗位

专业性岗位要求本科及以上的学历，美国大约21%的工作岗位是专业性岗位。包括：医生、律师、会计、教师、工程师、商业经理等。大部分高中生和其家长都将这些专业性岗位当作职业目标。

技术性岗位

技术性岗位需要长期的在职培训、职业/技术资格证书，或者专科就业证书。大约27%的工作岗位对求职者有“接受过高等教育水平的培训”这样的要求。如电工、钳工、管道工、计算机辅助描图工、护士、工程技工、放射技工、EKG技工、家庭医疗辅助技工、医生助理等都是技术性岗位。

操作性岗位

最后一类是操作性岗位。零售助理、快餐店经理、肉产品加工厂工人，以及清洁工都属于操作性岗位。这类岗位只需要短期到中期的在职培训。美国52%的工作岗位都属于这一类。

不上大学还有哪些出路

研究表明，59%的像丹尼尔这样的青少年的就业目标都是专业性岗位。但是，如果丹尼尔还是以现在这种状态——没做好准备，没有动力，去攻读大学的话，他找到专业性工作的概率几乎为零。他很有可能中途从社区学院退学，继续在那家汽车配件专卖店干着操作性的工作，最后在接受短期的在职培训后，得到类似助理仓储经理这样的职位。在零售业，大部分一线的经理岗位都要求中期的在职培训。

如果丹尼尔能提前认识到，四年的本科学习对他来说并非最佳选择，他就可以考虑其他的出路。从专业角度讲，丹尼尔可以学习其他的专业性技能，包括销售汽车配件，接受客户订单，存货管理等，可以找到比当前工作收入更高的工作。他还可以参加其他的培训，学习当今经济背景下急需的且高薪的技能。

他可以选择以下几种出路。

1. 在高中阶段参加高中提供的技术课程

由于各州和社区都认识到，婴儿潮一代的人退休后，会出现某些技术岗位的员工人数的短缺，因此已经投入了时间和金钱，在高中开办职业技能导向的课程。从严格意义上讲，这种职业技能导向的课程比 30 年前开办的传统职业技能或技能预备的课程的学术含金量高很多。很多新的职业课程旨在培养学生优秀的学术技能，尤其在科学、工程、技术和数学的 STEM 科目上。同时还为学生从事健康医疗、工程技术、电子、酒店管理、个人服务类职业，提供现代化的入门岗位培训。越来越多的职业中心和社区学院提供相关的高等培训。

2. 参加学徒实习或者其他长期在职培训项目

由工会或非工会组织举办的学徒实习能够培养学生从事电工、管道安装工、木工、上釉工、水管工、钣金工及其他技工职位必备的技能。

最好通过人脉来寻找这些学徒实习机会。想办法找到所在企业提供学徒实习机会的当地的某个在职人员，让孩子和他进行一下信息化访谈。您也可以在网络上搜索本市或本州的哪些企业能提供学徒实习机会，或者联系当地工会，咨询如何参加当地的学徒实习项目。

3. 参军并在军队中学习入门职位的岗位技能

军队中，大约有 4 000 种不同类型的工作。这些工作将培养从业者的专业技能，而这些专业技能在非军事性质的工作中也用得上。另外，和孩子们离开家进入大学，在校园环境下学会各种生活技能一样，孩子们进入军队，同样可以学会这些技能。在军队中，年轻人将学会尊重多元化，与不同背景的人分享起居空间，学会管理时间和金钱，学会与位高权重的人共事，学会在混乱的社会环境下设定个人底线。军队津贴可以为那些无力承担大学费用的年轻人在服役期间或退役后接受本科教育提供支持。

4. 寻找需要相关工作经验的工作

这些工作包括机械、安装、维修方面的一线监督员，以及一些专业的运输和工业职位。要想找到这类工作，需要让孩子首先从事入门性的基础工作，以积累经验，为进入收入更高的职位做准备。各地的职业中心或者社区学院的专门培训，以及用人单位在职培训，

都会给孩子提供入门岗位的技术准备。之后孩子才能获得向更高职位晋升的机会。

5. 探寻感兴趣的组织或者行业内是否有潜在的在职培训机会

有一些组织会专门为在职员工提供室内培训，例如在本地医院开展“组织学技术”培训。这项培训只针对取得化学和生物学本科学位的在职员工开放。

6. 考虑考取专科职业资格证书或奖项

在接受了相关培训后，学生们可以从事美容师、助理护士、厨师、外科技师等工作。地区的职业中心、私立学校、技术机构和社区学院会提供此类培训。

7. 在社区学院，由过渡课程转向职业领域的专科学位

职业和技术专科学位是为培养护士、放射科技师、工程技师、工业维护技师、环境卫生和健康技师、计算机支持产业技师而开设的。要想接受技术专科学位教育，获得最热门的护士、放射科技师这样的职业，应聘者的学习成绩必须极具竞争优势。尽管美国对这类人才一直都有很大的需求，但是这些专科学位的费用比较高，每年的录取人数也有限。所以要想被这样的专科培养项目录取，孩子既要有很优异的学习成绩，还要证明自己已顺利完成本科预备课程的学习，能够申请这些项目。

除了上述选择，以下事项也需纳入考虑：

• 对于某些职业，随着职位层级的不同，对学习成绩的要求也会有所不同。而对于另外一些职业，情况则不一样。

注册护士可以先去参加护士专业的专科培养项目，再去取得护士专业的本科学位，最后才能获得更高的职位，承担更大的责任，得到更多的收入。在计算机描图行业，可以先参加相关的专科培养项目，进入这个行业后，再去大学接受技术方面的本科教育。

对一些职业而言，教育水平的高低对职位的高低有决定性作用。例如，药师技工不是成为药师的第一步。外科理疗助理也无法晋升到外科理疗师的职位。

向一些在职者进行咨询，了解其所在行业的教育和职业之间的相互关系。

• 每个培养项目的费用和最终能拿到的文凭都有所不同。

职业中心和社区学院可以获得公共的资金资助。私立学校和机构常常是营利性的私人机构。由于职业中心和社区学院往往具有和

大学不同的学位委员会，在职业中心和社区学院取得的学分不太容易转化为其他同类学校的学分。

孩子必须对此进行一番调查。让他去和那些已从职业培训项目顺利毕业的人谈一谈，了解一下这样的项目会给自己带来怎样的帮助，如何接受更高等的教育。

• 高中毕业生接受职业/技术项目，并不意味着永远放弃本科教育。

对于那些已取得技术领域专科学位的学生，越来越多的学院和大学致力于帮助他们到高校继续深造，攻读商科或技术专业的本科学位。与此同时，大专层次的职业培训项目也可以促进他们的职业成熟度，缩短他们毕业后融入工作岗位的时间。您的孩子可以先进入职场，开始赚钱，并在接受4年本科教育之前就有所成就。

但是，如果您并不担心已高中毕业的孩子，而是担心他从大学毕业了，却找不到工作这个问题。您该怎么帮助他？

家长贴士 56

在研究技术层面教育机会的同时，您应当注意即使接受了专业的四年本科教育，仅靠一张文凭或学位证书并不能确保您能获得某一职位的高薪收入。

有些职业培训项目更受市场的青睐，有些则不是。教育机构提供的、联邦经费支持的教育项目并不代表该领域有很大的市场需求或者相关职业的从业者在该领域的业绩很好。在决定是否接受大专层次的职业教育之前，应该让孩子仔细研究一下这些项目。让他和真正接受这些教育项目的人交谈一下，以了解真实情况。

家长贴士 57

如果您用局限性的眼界，去审视劳动力市场，那么您不会得到真实的情况。

在某些工作环境中，专业岗位比技术岗位多。通过12年的基础教育，很多人能取得本科甚至更高学历的文凭。为了获得更多的大学学分，学生们会支付更多的学费，校方获得的收入也会增加。在酒店行业，很多从业人员只接受过短期或中期的在职培训。在这个行业提高收入靠的是工作业绩而不是学历水平。

看看您自己所在的公司或组织吧，把所有工作岗位按照上述三类进行一下划分。专业性岗位有哪些？技术性岗位有哪些？操作性岗位有哪些？每类岗位对教育背景和工作经验的要求分别是什么？

家长贴士58

如果您的孩子对上大学不感兴趣，也没有把握能考上大学或者能从大学毕业，那么让他在高中毕业后休整一年吧。

休整一年的说法始于欧洲。是指年轻人利用高中毕业或者大学毕业后的一年，去其他国家旅行、工作或者做义工。

在美国很少有人在上大学之前休整一年。大部分学生在高中毕业后就直接进入大学了。很多美国家长不太支持孩子休整一年。他们担心孩子在外面待的时间太长，就不愿意再进入大学读书。他们还担心，如果孩子不能全日制就读于某所高校，就会丧失医疗保险资格。

但是从长远来看，如果孩子本身并不愿意进入大学读书，硬逼他去读大学是一种极大的浪费。如果孩子门门课都不及格，您就得花成千上万美元让他重修。而且，如果孩子在本学院的专业成绩不好的话，想转到其他学院，被接受的概率也很小。

休整一下是个不错的选择。它可能会激发孩子上大学深造的兴趣。

充分利用好休整的时间，制定一个合理的目标。不在学校的这一年计划做些什么？去旅行吗？如果是这样，旅行费用从何而来？去做义工吗？去找工作吗？不在学校期间，自己负担一部分房租和生活费用吗？

让孩子划定一个明确的界限，以确保这一年的休整会收获好的成效。

家长贴士59

或许您认为高中一般将学生分为两类。一类是那些在学业、运动、课外活动中出类拔萃的学生。他们将成为学生领袖，被安排参加严格的大学预科课程，为进入大学，获得专业型或管理型的工作做准备；而另一类资质平庸的学生则只能进入职业技术学校，从事技术工作。

这种分层式的高中教育反映出陈旧的经济格局：管理者回答问题，提出要求；普通职工按照管理者的要求干活。

而如今经济形势发生了改变。管理层扩大了，需要重复性劳动的众多岗位被新的技术取而代之。新的经济形势造就了一大批高收入、非管理性的岗位。这些岗位要求从业人员具备相当的技术专业知识和很强的阅读、写作及数学能力。

有些高中开始创办新型职业技术教育项目来适应经济的这种转变。高中、地区职业中心、社区学院以及四年制的大学开始相互合作，为那些没有实力取得本科文凭的学生提供40个学时的综合性教育。

看看孩子所在高中都有哪些教育项目。如果您足够幸运，孩子就读的高中恰好有职业技术的教育项目，您可以让他在高中时就参加这些项目，学习进入技术或医疗保健行业的岗位技能。同时，发展学习能力，在日后必要的时候，能追求更高水平的教育。

家长贴士60

很多家长不愿意让孩子在高中阶段就接受技术教育，因为他们担心那些“好”的工作岗位都被四年制大学毕业生们抢走。而实际情况是，大学本科毕业生们并不能抢走专业技术类的工作。一个拿了心理学本科文凭在零售业工作的人是不能抢走持有行业认证的一名软件工程师在网络安全行业的工作的。

认真反思一下您对劳动力市场的认知，尤其是您对未来“所有职业”进行判断时所依据的标准。劳动力市场的复杂性和高流动性是很多人都无法预料的。除了高中阶段的教育项目，还有其他很多途径可以培养孩子的职业技术能力。想方法去寻找一下这些途径。除了高中阶段的技术培训，很多社区都拥有相关教育项目。

家长贴士61

即便您的孩子不打算参军，他也可以使用军方开发出来的职业和教育规划资源，包括军队职业倾向测验（ASVAB）和March 2 Success网站。

ASVAB是一个限时、多维度测试孩子数字推理能力、语言认知能力、段落理解能力以及数学知识的测试。很多高中都会开展ASVAB测试。学校会将测试成绩告诉学生，同时提供一个代码。学生用这个代码进入ASVAB职业开发课程网站，输入自己的成绩，就可以了解自己适合做哪些工作，以及通往这些职业的路径。

March 2 Success是一个帮学生提高数学、科学、英语、ACT以及SAT成绩的免费在线网站。这个网站还帮助学生诊断、确定他们的长处和短处。根据测试结果，网站会确定学生需要加强学习的领域。

要想了解更多关于ASVAB的信息，请和学校的学术导师联系，或者登录www.march2success.com网站去寻求对您的孩子有利的

帮助。

家长贴士 62

假如您的孩子在学校的成绩处于中等水平——成绩只有 B 或者 C，在班里拿不到什么奖项，不打算继续学业，您就得赶紧行动起来了。应当一边坚持让孩子学完高中的英语和数学课程，一边为孩子高中毕业后的生涯做规划。

路径之一就是研究一下本地职业路径项目。

职业路径项目是一个发展劳动力的战略，旨在帮助人们尽快实现从学校到工作岗位的过渡。在高中阶段，这个项目的主要内容是帮助学生提高阅读、写作和数学能力，并将它们同实际应用结合起来。职业路径项目的分类基础是美国政府规定的 16 类职业群。它们是：

1. 农业、食品和自然资源
2. 农业和建筑业
3. 商业、管理和行政
4. 艺术、视听技术和通信
5. 教育和培训
6. 财务
7. 政府和公共管理
8. 健康科学
9. 旅游和酒店管理
10. 人才服务
11. 信息技术
12. 公共安全和保障
13. 制造
14. 市场、销售和服务
15. 科学、技术、工程和数学
16. 交通运输、物流和后勤

有些家长和教育者并不太倾向于让学生参加职业路径项目，因为他们认为这样会使孩子在没做好准备前过早地选择职业。事实上，一个好的职业路径项目会通过职业课程的形式培养学生可以与大学教育对接的阅读、写作、科学和数学能力。这一项目使得学生学会将书本上的知识和现实结合起来。职业路径的目的在于让学生在高中毕业后培养升入大学的能力。学生参加完职业路径项目后，可以选择继续从事某项职业，也可以选择继续进入大学深造。而如果没有那些与大学教育对接的知识储备，他们进入大学的机会将十分有限。

所有的工作，无论它们要求什么样的教育背景，都是上述16类工作群中的一种。职业路径项目向学生教授经济生活中不同领域的知识和技能，以及如何在各种领域中找到工作的方法。它力求打破高中教育中的两层格局。它在教学生技术能力的同时还提高学生的学术能力。

很多人低估了学生想在21世纪获得成功所需要的数学和交流能力。中等学习水平的学生在高中是无人问津的。他们能顺利从高中毕业，进入社区学院，却最终从社区学院退学。而职业路径项目则确保所有学生在高中毕业后还能提高学术能力，并且可以对自己在大学毕业后或者结束职业技能培训后从事的工作有些想法。

第十章

扬帆大学毕业后

如果您的孩子已经从大学毕业了，犹豫着该干点什么，您要做的第一件事情就是别让他以读研究生为借口逃避问题。即便大街上的口号是“研究生学历就是新的本科学历”，您也得让孩子首先明确自己的职业路径，并且积累些初步的工作经验，然后再让他在助学贷款合同上签字，去攻读研究生。

要想明白我为什么这么建议，请返回前面的章节，看一下前面所讲的职业规划流程图的一般知识。图 10—1 为职业规划循环图。

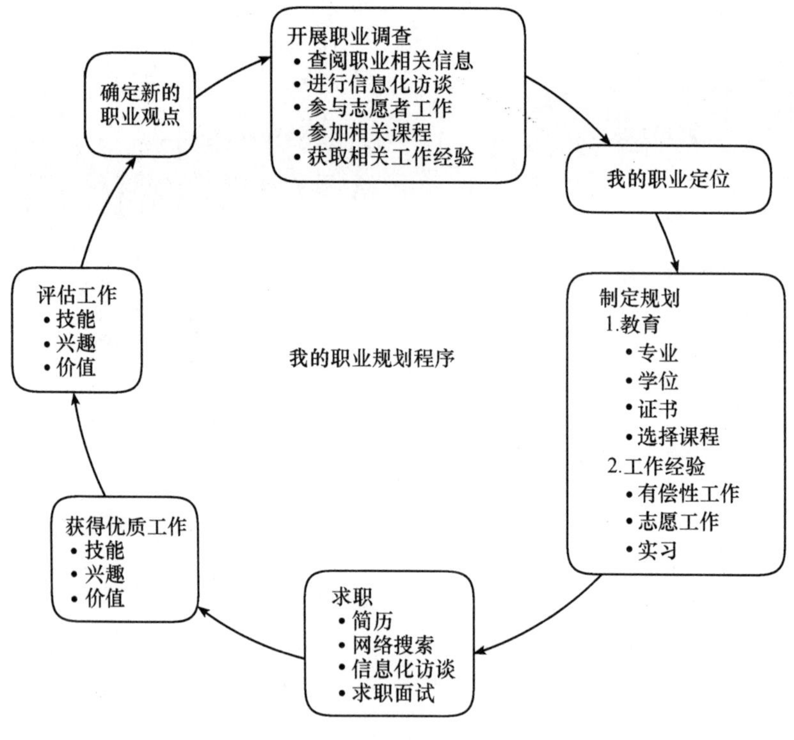

图 10—1　职业规划循环图

任何求职或者职业转换都是基于研究自身技术、兴趣及其本人价值而开始的（见图10—1的左侧内容）。

至于转换的内容是什么并不重要。大学毕业后去找一份工作，公司裁员或并购后重组，或者在生育子女后重新进入就业市场，起点永远是自我评估。求职者可以通过自我评估去寻找那些与自身的技能、兴趣和价值相匹配的工作岗位。

回到第一步

如果您的孩子大学毕业了，没找到工作，他需要问自己以下四个问题：

1. 我擅长什么技术？
2. 这些技术在哪些行业中会用到？
3. 哪些工作符合我的价值观和个人偏好？
4. 如果要得到我想要的工作，我还需要哪些附加的教育背景或者工作经验？

直到孩子对上述4个问题有了明确答案，去不去读研究生的决定才算是深思熟虑。

这不是很多年轻人和他们的家长所希望听到的建议。现在，一个家庭为培养一个本科生需要支付的费用是5万～15万美元。很多学生在毕业时已经背负了相当多的助学贷款。没有人愿意看到，在花了那么多钱读了本科后还需要从最基层干起。

如果你们的孩子所掌握的技能比较紧缺、市场工资价位也比较高，例如会计专业本科或者工程专业本科这样的毕业生，在入门岗位的工资差不多是6万美元一年，还有各种福利。如果您的孩子所掌握的技能不是社会紧缺的，市场工资价位也不高，例如历史和英语专业这样的本科毕业生，在入门岗位的工资是2.8万美元一年，不带福利。

面对这样的现实，孩子可能认为，修一个硕士学位就能弥补职业发展中的不足。面对互联网上有关在校或在线提供硕士课程的广告，他可能不知所措。这些广告会告诉他，如果没有硕士学位，他会永远没有出头之日。

但是什么时候读硕士学位是一个关键问题。如果不对自己进行一个客观的评估，也不确定一个可行的职业目标，仅仅是随大流去

读一个硕士学位，那恐怕是殊途同归。2008 年有 862 900 名硕士毕业生和 206 100 名博士毕业生在从事仅仅需要短期或中期在职培训就能胜任的工作。如果从学校毕业后，您的孩子工作得并不顺心，在决定回学校进一步深造之前，他需要想明白自己的问题究竟出在哪里。是教育背景不够，还是缺乏工作经验，还是缺乏目标？

让我们来看看珍妮（Jenny）的经历吧。

4 年前，珍妮在沟通专业进行了 4 年的本科学习后毕业了。她就读的大学是一个中等规模的州立大学，离家大约两个半小时的路程。上学的时候，她担任学生宿舍管理员助理，还帮助学校处理录取学生的相关事宜，向有兴趣来这所大学念书的学生寄送信件，安排校园参观。

刚入校的时候，她去学校的实习中心，希望能找到一份实习的工作。她把未来的职业方向确定为公共关系，她明白如果想毕业后从事公共关系工作，就需要提前积累一些经验。她认为，实习是个很好的助推器。

她参加了自己家所在城市的一家大型公关公司的实习面试并且顺利成为一名实习生。大一后的第一个暑假，她是那家公关公司的正式在编员工，拿最低工资。在工作中她发现她很讨厌这份工作，不愿意承受和处理公共关系事宜带来的高度压力。

珍妮大学毕业后回到了家乡。她的妈妈建议她继续去读一个 MBA 学位，但是珍妮并不肯定自己到底想做什么。珍妮说她烦透了学校，想先去工作。她说服了父母。

她的爸爸让她去见一位经营小型管理咨询公司的老朋友。这个人给珍妮提供了一个市场营销的岗位，但是没有福利。她的工作内容就是更新公司的市场营销和促销材料，组织公司的研讨会，同时维护公司的网站。她的父母给她买了一份低折扣的大病医疗保险，一直到她能自己负担得起自己的医疗保险。

珍妮很喜欢这份新工作。在这份工作中她可以应用她的沟通知识、管理和组织技能。然而，这份工作的收入并不足以支付她从家里搬出来独自居住的费用。她决定在周末再找一份兼职，以使她有能力搬出来和 3 位朋友合租一个房子。

一天，在帮助一名咨询师组织研讨会的时候，珍妮与一家为医院供应医疗记录软件的公司的高管进行了交谈。在过去 5 年中，这家公司的业绩涨势迅猛。这位高管对珍妮印象很深，鼓励她申请自

己公司的职位。

珍妮争取到了这家公司咨询师的职位。她的工作职责是协助打算购买他们公司软件的客户做项目。她一周中有四天都在出差，为客户进行现场培训，为他们转用自己公司的软件提供技术支持。

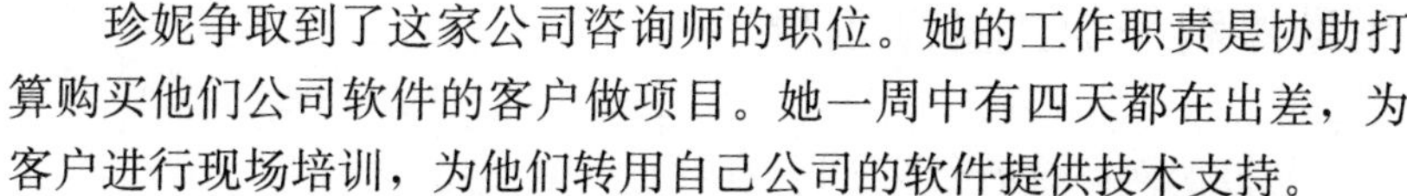

珍妮发现她喜欢使用在医疗健康这一行里发挥自己沟通和解决问题的能力。她也很满意这家公司为自己提供的薪水和福利。她也发现自己愿意同医疗机构的管理人员打交道，越来越理解他们所遇到的问题。在与健康医疗行业搭建了一定的人脉关系以后——其中包括一家大型医疗保健系统公司的老总，她决定回学校去读一个保健管理的硕士学位。她坚信，以她在健康医疗系统的人脉，在她读完硕士后，会在健康医疗分析行业变得十分抢手。

珍妮在健康医疗行业铺设了自己的职业发展道路。这是她和她的父母在她大学刚毕业的时候从未想到的。在从事过几个工作后，珍妮对自己的长处胸有成竹，那就是沟通、战略思维以及组织体系。她厘清了自己的人生价值所在，那就是对人类的生活有所贡献，并且改进医疗保健体系。同时，她的人生价值也得到了充分的体现，包括发展的机会、优厚的福利以及未来的就业能力。

如果您的孩子本科一毕业就打算去念研究生，那么他就错过了图 10—1 中“制定规划”那个阶段。如果真是这样，应该让他返回去进行自我评估，对职业进行研究，然后再制定教育规划。有人说，尽管硕士教育不是工作必需的，但是有一个硕士学位总会让孩子在竞争中脱颖而出。不过这仅仅是假设，而不是现实。

如果您的孩子拿到硕士学位后，几乎没什么工作经验，这时候去读一个硕士学位对他来说并不是最好的安排。对很多雇主来说，教育背景仅代表理论水平，而工作经验是实践水平的证明，它代表着求职者将知识应用到工作中的能力。雇主们希望求职者理论和实践两者都强。

根据美国劳工统计局的统计数据（见第三章的图 3—3），美国劳动力市场中，只有不到 5%的工作岗位需要硕士及以上文凭。如果不进行自我评估也不对职业进行调研就贸然去读硕士，孩子很可能会在花了很多钱后仍旧找不到满意的工作。明智的选择就是让孩子先获得既定的工作经验，而不是匆匆忙忙地再去读个学位。

帮助本科毕业生重新定位

您该如何有效地和孩子讨论明白这些敏感的话题呢？

首先，坐下来和孩子谈谈表10—1中的职业规划问题。鼓励他按照本书第四章和第五章的内容做一个自我评估。让他去找他所就读大学的就业服务中心做职业能力评估，或者直接去社区学院寻求帮助。

把孩子的人际网用起来

其次，帮助孩子确定他的人脉。即便您的孩子对就业还晕晕乎乎，他的朋友中总有不是这样的。使用第三章中的人脉表，让孩子明白自己已经具备的关系。这些朋友是可以指引他就业并且提供信息的人际网。他也可以根据下面的这张公司/行业调研工作表来对自己感兴趣的公司或者行业进行一番研究。

公司/行业调研工作表

在对公司或者行业进行深入了解之后，您可以集中注意力确定未来的目标。您可以通过公司的网站、互联网中相关的文章以及和公司相关的人了解有关这家公司或行业的信息。

以下是您需要在线调研的问题：

——这家公司的综合情况如何？

——这家公司提供什么样的产品和服务？

——这家公司过去和现在的资金状况如何？未来预期如何？

——这家公司的总部在哪里？分公司在哪里？

——这家公司提供的工作岗位属于哪类？

——这家公司目前有什么就业机会？

——如果想在这家公司或行业干，需要具备什么样的技能？

——这家公司的宗旨、价值观以及愿景是什么？

以下是需要您和有关人员面谈所了解的信息：

——这家公司或这一行业的文化特征如何？

——这家公司与同行业其他公司相比怎么样？其竞争优势在哪里？

——影响这家公司发展的趋势和潮流有哪些？

——这一行业或这家公司的国际影响力如何？

——这家公司面临着什么样的问题？

职业价值

职业价值是影响日常工作体验的标准。职业价值包括工作时间、领导风格、薪水及工作环境。职业价值具有连续性，人们给自己的职业价值观赋予不同的重要性，作为工作满足感的一部分。此外，作为服务，您或许对自己的职业价值具有比孩子更清晰的认识，因为您曾经在职场打拼过，高中毕业后从事过不同的工作。因为您具有更多的经验，可以更清楚地表达自己的职业价值观，您需要小心不要压制孩子的认识和观点。让您的孩子获取更多的信息，了解更多的职业环境，自己去探索职业价值（见表 10—1）。

表 10—1　　职业价值一览

最低薪水需求（美元）	最高薪水期望（美元）
医疗保险（雇主支付）	医疗保险（自付）
管理松散	管理严格
经常获得回馈	很少获得回馈
通勤时间短	通勤时间长
每周最多工作 40 小时	经常加班
室内工作	室外工作
工作节奏快	工作节奏慢
与人打交道多	很少与人打交道
体力活动多	不需要活动
事务性工作	工作内容灵活
工作环境安全	工作环境较差
独自开展工作	团队工作
工作稳定	不介意换工作
重复性劳动多	工作任务经常变化
晋升的机会	做职场老黄牛
需要获得认可	不需要获得认可
在大公司工作	在小公司工作
经常出差	无须出差
教育/培训时间短	培训时间长

续表

逐个完成工作	同时处理很多工作
有序的工作环境	复杂多变的工作环境
乐于与人合作	独立完成工作
轻松愉快的工作环境	环境不那么重要

生活价值观相对更宽泛一些，包括帮助他人，赚很多的钱，成就个人事业，或者在团队中被认为是领导者。表 10—2 列出的是那些对人们的生活很重要的生活价值及其定义。请让您的孩子来确定一下他们自己的优先选项。

表 10—2　　生活价值观一览

生活价值	定义	优先性
收入高	我的月薪要达到（美元）	
社会地位	很知名而且受到尊敬	
独立性	按照自己的方式做事	
直接帮助他人	我的工作能对他人带来直接、积极的影响	
竞争性	与他人竞争以达成个人或团队目标	
自我满足	对自己做什么充满自信	
认可	从工作中受到他人给予自己的认可	
对他人的责任	有责任满足他人的需求	
权威	能够指导他人的行动	
成就感	能够设定目标并完成	
智力上的挑战	不断学习新的、困难的东西	
工作乐趣	工作有乐趣	
压力小	我的工作压力很小	
生活方式	能够在工作和生活中获得平衡，有时间进行户外活动	
创新	产生新的创意、产品和流程	
稳定性	这份工作很稳定，不用担心被裁员	
提高	有机会获得晋升	
自主性	做自己的老板	
权力	指挥他人、做决策、有资源	
变化性	工作活动和项目经常变换	

大多数大学里的年轻人都有着自己的生活价值观。他们知道这对他们来说至关重要，比如能够对他人有所帮助，能赚很多钱，或

者在某个领域获得认可。

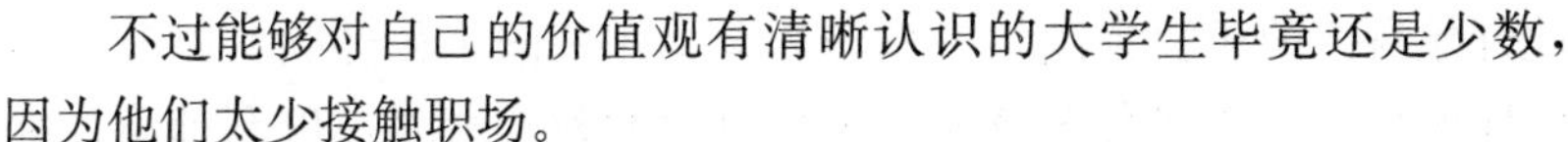

不过能够对自己的价值观有清晰认识的大学生毕竟还是少数，因为他们太少接触职场。

对于大多数成年人来说，职业价值的关键是赚取足够的钱来维持自己喜欢的生活方式。年轻人就很少能够意识到这一点，直至他们不得不自立谋生的时候。许多大学生对维持体面的生活到底需要多少钱概念模糊。当他们走出大学校园，生活方式和薪水之间的关系对他们来说才会变得真实。只有到那个时候，他们才开始面对真实的生活，才能够真正去考量成年人所作出的那些职业决策。孩子在寻找自己的职业时，所有这些都可能被忽略。

把考研当作一个可行的选择

最后，在做过职业自测，寻求过各个领域的机会以后，如果您的孩子仍然想读研究生，下面这些实际情况需要他事先考虑清楚。

1. 从领域及学科来区分不同的学位。研究生学位之间各有不同，有些学位在就业市场上会比其他的有更高的薪酬水平。比如，一个运动训练学研究生的收入和就业机会会远远高于一位研究语言病理学的学生。

2. 不管读什么学位，最后的目的仍然是就业。所有的职业都会遵循着供需之间的自然规律。在您决定开始任何研究生课程之前，找三个具有该学位，从事该领域工作的在编员工好好谈谈，问问他们下面几个问题：

- 就业机会怎么样？
- 起薪大概有多少？
- 工作性质是全职还是兼职？
- 在这个领域工作提升的难度有多大？
- 科技、全球化以及管理水平对具有该学位的用人需求影响有多大？
- 读这个学位是我当前做出的最优的职业行动吗？

3. 要知道有些工作对学位的要求非常严格，比如医疗、教育、社会服务等，多数工作都需要相关的工作经验以及较高学位才能获得提升。如果您的工作经验无法与您的学历相匹配的话，那您的提升会变得非常困难。不要为了读研而读研，而且为此承受巨大的经

济压力，您最好的职业行动是决定自己想在哪方面进行投资，并就此开始自己的职业生涯。一旦您具有了相关的工作经验，以及清晰的职业焦点，您就会知道如何选择自己的教育背景，以利前行。如果您足够幸运，您会找到一个雇主为此埋单。

现在，您已经帮助了您的孩子完成职业规划，还有什么其他的方式能够在此方面帮助您的孩子成功地走出大学校园呢？

家长贴士 63

一份职业不一定要完全契合个人的兴趣、性格和技能。

多数学生希望自己的第一份工作是自己的梦想工作，这种想法是不现实的。对于技能、兴趣和价值观的讨论能够帮助您的孩子了解，职业就是一道复杂的智力题，要整合各种条件完成它来给自己满意的生活。

虽然找一份有意思的工作非常重要，不过除此之外，为自己的兴趣和技能寻找一个有创造性的出路，并知道如何去实现也同样重要。这就是"职业、生活双平衡"。

家长贴士 64

在大学阶段，商学通常是难以做出明确决策的父母和学生的默认选择，在研究生阶段，法律或者 MBA 也是默认选择。了解本科生和研究生的真实收入对父母和孩子都同样重要。您的孩子能够获得多少起薪呢？

法学院的研究生在毕业 9 个月后，他们的平均收入是 6 万美元，而所有律师的平均收入为 10 万美元，一半以上的律师收入为 7 万～14.5 万美元之间。

随着越来越多的大学生要背负学生贷款的压力，选择继续读研以延缓偿付贷款的压力也不失为一种选择，同时他们还可以逃避自己不喜欢的工作。不过，本科生的收入在近几年是差不多持平的，研究生的收入则有所增长。

另外，假设目前所有的本科生都会继续求学，获得研究生学位，但是在美国就业市场上，只有 1.7％的职位需要硕士学位，这一点不会改变。此外，1.3％的职位要求有相关的执业认证，比如医疗和法律，另还有 1.4％的工作要求具有博士学位。总体来说，最多只有 4.4％的职位需要研究生学位。

家长贴士 65

如果您的孩子学了新闻学，但是他又不想在此行业继续发展，该怎么办呢？

这个问题一直在困扰着那些在特定职业领域获得学位的年轻人，比如新闻，他们会发现自己所要进入的行业会受经济形势的左右，甚至会因经济不景气而萎缩。近年来，有数家已经持续出版了百年以上的报纸相继停刊，显示了这个领域就业市场的不稳定，就像它们在20世纪20年代和30年代那样。传统的出版和广播方面的工作正在减少，新媒体方面的工作取而代之，并需要不同的技能。有些刚毕业不久的年轻人已经在考虑转行。

这种情况对于父母和年轻人来说都很令人沮丧。这些年轻人辛辛苦苦在一个领域获得学位，希望借此给自己带来收入，获得工作成就感和工作稳定性。他们现在看到自己的技能具有很大的局限性。他们需要帮助来辨识自己的可转换的技能，并学着建立自己的交际圈，以便在职场上发现能够使用自己技能的不同途径。

新闻专业，像教育或者室内设计一样，传授的是特定的工作技能。如果某位年轻人不想再使用这些技能，那就意味着这些技能已经成为可转换的技能。这意味着新闻或者教育专业，像传媒或者历史一样，传授的是可转换的技能。这时需要依靠年轻人自己来规划出自己的可转换技能以适应就业市场要求，并获得相关的工作经验。

家长贴士 66

约有36%的美国人在人数少于99人的公司工作，另外有15%的人工作的公司人数在100～499人之间。这意味着约有51%的工作机会由人数少于500人的公司提供。

对于新的大学毕业生来说，这意味着许多好的工作是由小型组织来提供，它们没有很大的人力资源部门来专门从事招聘，或通过互联网来找到应聘者。这些小型组织的工作机会更多是通过社会关系网来传递的。

更小型的组织通常会提供更多的工作机会，但是起薪和福利水平也会更低。年轻人必须要在于大公司获得更好的收入和福利水平，同于某个行业或者组织的起飞阶段获得更好的职业起点之间进行权衡。

行业有其发展规律，包括产生、发展、成熟和衰退。年轻人在思想上应该比自己的父母更有企业精神。这是因为大企业通常都处在成熟或者衰退期，或许在不久的将来会进行大量裁员。

家长贴士 67

终身学习并不意味着终身在大学课堂里学习，或者终身背负学

生贷款。

不管处于何种教育水平，每个人只要身处21世纪，就必然需要终身学习。许多工作被创造出来，能够承担这些工作的人需要具有基本的变通意识和一定的技能。但这并不是说每个人都应该获得更多的学位。终身学习意味着所有的从业者都愿意学习新的事物，这种学习可以通过正式和非正式两种渠道来进行。

正式的学习是由学院、大学、商学院、技工院校、学徒制或职高提供的课程，以及其他由雇主提供的基于课堂教育的网络课程。如果您的老板出资送您参加室内培训，以学习公司新购买的人力资源管理或计费软件，那么您参加的就是正式培训。如果您的雇主要求您参加会计远程培训以提高您的工作效率，这种培训也是正式的。

非正式的学习在许多场合中已经开始占据上风。一些专业组织例如人力资源、广告、培训、组织培训与发展等公司，经常在月度会议中组织非正式培训。其他一些会议或组织也为其成员提供主持、沟通等课程，许多人通过参加类似的课程成功提高了自己的演讲能力。许多会议都会为自己的会员提供培训机会。很多职业人士也要经常参加没有学分的课程，来提升自己的学力。也有一些人通过参加志愿组织或者慈善组织来提高自己的项目管理、预算、营销能力。所有这些都是传统的课堂之外的终身学习的典范，而且也不会增加参与者的负担。此外，这也能让人们为自己的简历添色，帮助人们前进。

持续不断的学习和自身知识的提升是未来职业成功的关键。“那不是我的工作”这种态度已经不再奏效。要让您的孩子明白，未来20年人们所做的工作是在不断变化的。学习和再学习新事物的能力是保持自己的受雇能力的关键。但是，这种终身学习并不一定需要再获得什么学位。

家长贴士68

在出生人口减少，18～25岁的适龄学院减少的情况下，很多大学开始不断地向二十多岁甚至三十多岁的人群进行招生。网络弹窗一直在提醒年轻人，他们需要一个研究生学位来保持优势，或者劝告那些没有获得大学学位的人再去完成学业。市场传导的一个信息就是“购买更多的教育，否则您就会被就业市场所抛弃”。

有一个没被讨论的数据就是学生参加这些教育需要付出的资金和时间上的代价。如果雇主能够为此付款，那太好了。获得一个正

式的学位永远都是一个好的保障。但如果这需要年轻人掏光自己口袋里的最后一个子儿，甚至还要贷款，那在重返校园之前要重新对就业市场进行细致调查。

在说到教育和工作的时候，文凭本身是供需等式的一边，对具备文凭的学生的市场需求是另一边。如果对具有此类文凭的求职者的需求不足，或者市场上已经存在这样一个庞大的人群还没有就业，那么获得这样的学位就无法帮助年轻人获取优势。

考虑重返校园的年轻人应该完成这项作业。他应该对自己的财务状况进行准确评估。要获得更多的培训并不一定要获得什么学位。更多更好的学位也不意味着更多的就业机会。

家长贴士 69

对于一个还没有明确的职业定位的年轻人来说，写一个 30 秒的应聘广告绝对能让其受益匪浅。这是一段话的描述，他应该写下与工作相关的自己最看重的价值取向，自己最愿意使用的技能。

鼓励您的孩子完成下面的题目：

- 哪些技能是我最乐意使用的？
- 哪些价值和重要的事情我最关注呢？
- 什么样的工作环境对我来说最适宜？

让您的孩子用一段话把自己的答案总结出来，他可以把答案与自己的朋友进行分享，并寻问每一个人，“在您看来，什么工作适合这样的情况呢”？

根据回答者的不同背景，您的孩子将了解不同行业里使用类似技能、满足相似价值的不同职位。通过了解可能的工作职位，您的孩子能够与在此职位上工作的人进行卓有成效的谈话，了解这样的职位需要的工作经验和教育背景。他也可以据此修改自己的简历，重新设定求职目标。

第十一章

结语

每位大学生的家长都了解所谓的五年计划。这是一种诙谐的表达方法，是根据每位大学生完成学业平均需要 4 年半到 5 年的时间这一数据总结出来的。

避免“五年计划”

想要避免“五年计划”，最简易的办法就是根据本书所提供的思路，介入孩子的大学生活，给予他们积极的推动。下面所列的这些事情能帮助您的孩子在 4 年内顺利毕业。

1. 确定您的孩子在学业上已经准备好了。这意味着您得坚持为自己的孩子从高中起就创造一个严谨的学习环境，而且要学好数学。即使您的孩子决定学法语专业，也需要通过代数考试，才能拿到学位。如果计划学工科专业，他可能需要学习更多的数学知识。高中不好好学习数学会增加大学时的学习成本和时间。

2. 鼓励您的孩子从高中就开始职业生涯规划。高中的职业生涯规划的目的，是帮助您的孩子开始将教育和以后的职业联系起来，这不是要求您的孩子从此就把自己的职业道路确定下来。

基本的职业探索能扩展孩子的自我了解。这能帮助他自己进行信息搜集，而不是单纯地接受信息或者通过直觉，情绪化地决定该去哪所学校，学习什么专业。

3. 鼓励您的孩子在大学里最少每学期参加 15 个学时的课程。一个四年的大学课程一般需要 120～130 个学时，平均每个学期至少要修 15 个学时。

4. 不要经常转换专业。如果您的孩子经常转换专业，那么四年即能毕业对他来说只能是一个奢望。

帮助您的孩子了解一件事情，专业和未来的第一份工作并没有必然的联系。给他举一些例子，让他知道受教育水平（学位）或者

工作经验（有偿的或无偿的均可）将决定他毕业后受雇主青睐的程度。工作经验包括大学期间的兼职工作、暑期兼职、实习和志愿者工作。

对于多数工作来说，专业并不意味着工作。转换专业以找到未来的职业道路是对金钱和时间的浪费。的确，有些专业决定了您未来的工作，但绝大多数情况不是这样。

如果您的孩子所喜欢的专业与工作并没有直接的关系，集中精力帮助他获得工作经验，这能帮助他在毕业后顺利找到工作。

5. 确保您的孩子大学的时候每周的兼职时间不超过 20～25 小时。一般来说，课下的学习时间是课堂内的两倍。这就意味着对于一个大学一年级新生来说，如果要参加 15 个学时的课程，他每周所花费的时间是 45 小时，15 小时上课，30 小时用以预习或复习。

每周 40 小时是一份全职工作的时间量。15 个学时的学习时间安排可以被称作“大学的全职工作量”。如果每周的兼职时间是 20～25 小时，这意味着您的孩子要花费 65～70 小时在学习和工作上，这还没有算上社交等时间。帮助您的孩子在走上工作岗位之前，学会应对时间管理的挑战。

6. 在孩子选择大学之前让他明白转换学校的后果。

在中途转换学校毫无疑问地会浪费您和孩子的大量时间和金钱。在第一所大学参加的课程很多并不能在第二所大学受到认可。您的孩子将在第二所大学落后于本校其他学生，也很难适应大二专业课程的学习。

7. 不要害怕说不。高等教育是一个数十亿美元的产业。高中生就是这个产业的主要目标客户。大学的市场策略之一就是说服您的孩子，让他认为选择一个“适合”的学校是一个生死攸关的决定，是一个他个人的决定。

大学教育需要家庭资源的巨大投入，包括时间、资金和热情。如果您认为您的孩子所选择的学校无法保障他获得成功，或者说会让家庭和孩子自己承担巨大的经济压力，而且短期内难以扭转，不要犹豫或者有罪恶感，一定要承受住压力，坚决地反对。

一定要记住，比上大学更重要的是走出校园，过上幸福、有意义的生活。

8. 注意危险信号。如果您的孩子不愿意上大学，考虑一下其他的选择。多关注其他方面的优势，利用自己的社会关系，帮助孩子

寻找其他机会。甚至可以让孩子休学一段时间，重新整理一下。

9. 准确估量自己孩子的适应能力。如果您的孩子缺乏离家生活的基本适应能力，那在高中阶段就要开始教导和加强他这些方面的训练。设定边界。在孩子要去上大学之前就要和他说清楚，谁来为挂科、重修或者逃课埋单。还要明确谁来支付大学的贷款。

10. 一定要得到孩子的许可，允许自己参与他的职业规划。给予孩子支持和疏导与控制孩子的职业选择可不是一回事。职业规划事关大学教育如何在就业市场上发挥作用。因为您已经早早工作，具有自己的社会关系，您在孩子的职业规划中是非常有价值的资源。大学里的就业服务也非常重要，但它能给孩子的帮助是有限的。鼓励您的孩子充分利用大学里的就业服务，但也要给他提供其他的资源和求职机会。

您才是孩子职业规划中最好的资源。对于您的正在求职的朋友，您不会让他为获取一份求职信息，跋涉数百公里，您一定会给予力所能及的帮助。那么，给予孩子同样的帮助和鼓励吧。不要犹豫，利用本书中列举的那些积极的方式来帮助孩子。

走出大学校园，进入社会

做到下面这些能够确保您的孩子在毕业后顺利走出第一步。

1. 确保您的孩子理解社交的重要性

社交意味着与他人互动、交流，从别人那里获得或者分享职业信息。以前，社交并不重要。人们可以在一个单位工作 40 年，不需要了解如何进行社交。现在，人们面临着不稳定的环境，会在不同的单位里从事一系列不同的工作，中间还有失业的情况发生。了解如何利用社交网络来寻找工作对于长期的成功至关重要。您的孩子必须知道他的长处在哪儿，如何向其认识的人展示，同样也要向不认识的人展示，比如面试。

您的孩子所要进入的工作环境正在进行巨大的结构性和经济性调整。新的工作不断出现，旧的工作也在消亡。您的孩子需要知道就业市场正在发生着什么。与那些在行业里稳定工作的人交谈，或者是接触那些与新兴产业或组织有联系的人，能帮助您获得最准确、最适时的工作信息。

2. 眼光要长远

18～25 岁的年轻人大多不会对生活有长远的规划。作为父母，清晰地意识到这一点很重要。在思考孩子该去哪里上大学之前，您还应该问自己，孩子一经走出大学校门，该如何自立呢？如果您能长远考虑这一问题，您就能在孩子的教育和就业问题上给出更好的建议。

3. 确保孩子能够理解终身学习的重要性

渴望在 21 世纪不断进步的人需要终身学习。他们必须持续地更新自己的技能，学习新技能。他们必须向所效力的每一个组织展示自己愿意奉献、积极肯干的态度，并为组织的发展全力付出。让自己的孩子明白，虽然他完成了大学教育，获得了学位，但他的学习才刚刚开始。

4. 保持积极的态度

当今经济形势的千变万化，很容易让家长害怕向孩子说明和传递相关信息。如果您经历过因全球经济形势导致的金融危机后的失业，那更会如此。

但您的孩子并不是处于职业生涯的中期，他才刚刚开始。您要对自己孩子自立并持续前行的能力有信心。对于那些受过良好教育，充满活力，工作勤奋，具有良好沟通能力和强烈学习意愿的年轻人来说，机会无处不在。在帮助孩子进行职业规划的期间，您要准备好让他做一些初级的工作。在具备了一定的教育基础、工作经验，对自己的技能和社交能力更加自信后，您的孩子会在当下不稳定的社会中获得自己所需要的一切工具。